●第22回愛知大学現代中国学部現地研究調査●

学生が見た北京社会
2020

人的資源管理・女性の働き方・農村観光・SNS

JN116414

愛知大学現代中国学部現地研究調査委員会編

企業紹介

高齢化社会を支える人材の育成を強化

中軽控股 中国中軽国際控股有限公司
保利健投 保利健康産業投資有限公司

〈中国保利集団傘下〉

日本への人材派遣分野でトップの実績をもつ

中軽集団
SINOLIGHT

中国中軽国際控股有限公司
SINOLIGHT INTERNATIONAL HOLDINGS CORPORATION

技能実習生を
中国で初めて
日本に派遣

http://jp.jnocnews.jp/news/show.aspx?id=54810

看護師や理学療法士などの研修生も派遣

「健康＋」を戦略とし，健康養老サービスを!!

保利健投　和睦會

高齢者ニーズを
核とした
サービスを提供

http://www.guandian.cn/m/show/208511

- バリアフリー
- スマート年金
- ヘルスケア
- リハビリテーション
- デイサービス
- ホームケア
- 在宅介護サポート
- 老人介護施設
- 候鳥（渡り鳥）式養老

など

http://jcwp.net/ 中国で急拡大する介護ニーズ

日本への派遣制度により，質の高い介護技術を
学ぶ環境づくりを行っている

未来への知恵―みんなの移動社会―

豊田汽車

トヨタ自動車（中国）投資有限公司

日本の車を世界へ！

TOYOTA

车到山前必有路　有路必有丰田车

品質と安全性の高さで人気

すべての人に
移動のたのしさを

中国では
SUV・LUXの
市場が拡大
している

100年に一度の大変革の時代

「CASE」に取り組む

CONNECTED	AUTONOMOUS	SHARED	ELECTRIC
コネクティッド	自動化	シェアリング	電動化

START YOUR
IMPOSSIBLE

未来のモビリティ社会を実現する

農業+健康+観光プロジェクト

上海瑞茵開心農場

上海瑞茵健康産業有限公司開心農場

二十四節気に基づいた農業
自然と調和する健康生活体験を

上海ルイインハッピーファーム

開心農場で健康的なライフスタイルを満喫

- レジャー農業
- ヘルスツーリズム
- 小・中学生
  農業教育とキャンプ
- オーガニック野菜・
  果物の通販　　など

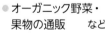

https://minsu.772jk.com/hotels/518/

ユネスコ
無形文化遺産
「二十四節気」を
継承

農業の良さを知ってもらいたい‼

総建設用地面積18,313.33m²を取得

外国語教育のプロフェッショナル

外 研 社

外語教学与研究出版社

全国最大規模の大学出版社
多くの女性が活躍中‼

人類の文明を記録し，世界の文化を伝える

毎年40以上の言語で
5,000冊以上の本を
出版している

最近は子ども向け
デジタル出版物を
研究開発

ベストセラー
"新标准幼儿英语"

北京
「十大建築」に
選定された
社屋

外研社ロゴマーク https://www.unipus.cn/unipusProject/ujiao/unipus.html
新标准幼儿英语 http://nps.fltrp.com:801/bookinfo.cfm?iBsno=52163&sYc=1-1

女性社員が70％を占めており，
多くの女性が管理職として活躍中

※写真の出所を記載していないものはすべて企業から提供されたものである。

4

融合学習

\調査前/ **講義** ● 中国を調べるにあたって知っておくべきこと

講義 1 国や地域研究の視点と研究方法

初日の講義で緊張！

北京外国語大学

愛知大学

まずは相互理解することが重要！
それから興味を持っている分野をマスターしていく！

講義 2 中国経済と中日経済関係

経済成長から見る
中国の現状

中国は大成長だけじゃない！
その裏に潜む都市と農村部の二重構造，
他国との貿易摩擦などの様々な社会問題
が存在する。

講義 3 中国の郷鎮企業と地域経済

中国農村部の地域発展を語る上で欠かせない

「郷鎮企業」

郷鎮企業の発展により，従来の農工業以外
にも産業をつくり，産業構造の複合化を行
うことで地域経済も都市経済とともに成長
してきた。

講義 4 中国における女性就業

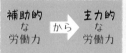
補助的な労働力 から 主力的な労働力

中国での女性雇用の歴史から現状までを概観。
インターネットの発展により，家にいながらオン
ラインショップを経営するなど，女性の就業形
態は多様化している。

4

中国人学生 × 愛大生 **討論** ● 講座で学んだ知識で日中比較！

A 人的資源管理チーム

◆ 新型コロナウイルスの影響
◆ 米中貿易摩擦

はじめは皆緊張していましたが……

徐々に打ち解け様々な意見が飛び交いました！

お互いの国でコロナの被害がどれくらい酷いのかについて、そして、どのように情勢などの情報を手に入れるかについて討論を行いました。

B 女性就業チーム

◆ 将来どのような働き方が理想か

● 自分のキャリアを大切にしたい（中国人学生）
● ワークライフバランスを大切にしたい（日本人学生）

より良い発表になるようにアンケートを実施してくれました！

「日本の女性就業に対する印象について」

C 農村観光チーム

◆ 脱グローバル化の傾向がある現在の地域経済の発展方法
◆ 日中の観光地の成功・失敗要因について

中国人学生の日本の地域産業に関する知識が豊富で驚きました！

日中の地域経済発展の成功例と失敗例を出し合い, 比較

中国では, 地域の産業を活かして発展。
日本では, 独自のブランド商品を開発し, 発展してきた。

D SNSチーム

◆ 国別地域研究の角度から日本・中国研究の発展と問題を考える

研究活動において情報共有のためにSNSをもっと利用すべきだという意見も！

仲も深まり有意義な時間に！

お互い, 相手国のことに興味津々！

好！

おうむ
鸚鵡学長

目　次

『学生が見た北京社会』刊行に寄せて

愛知大学学長　川井伸一

　本学現代中国学部の正課科目である現地研究調査の2020年度報告書『学生が見た北京社会』の刊行をお祝い申し上げます。現地研究調査は現代中国学部の「現地主義教育」方針にもとづく特徴的な教育プログラムの一つであり，今回で22回目となります。

　2020年度の現地研究調査はこれまでとはまったく異なる環境のもとで実施されました。ご承知のとおり，新型コロナウイルス感染症の世界的な蔓延により人々の生活や社会活動が大きな影響を受け，今年は本学の学生が中国の現地で研究調査を実施することは不可能となりました。このことは，現地における研究調査の実施を当然の前提としている本プログラムにとって，きわめて大きな試練だったといえます。関係各位の積極的な対応により，オンラインの方法に切り替えて創意工夫のうえ実施することにしたようです。例えば，中国側の大学の教員による講座の開催と本学学生の受講，北京の企業関係者との座談会の開催，中国側の大学の学生との意見交換，さらに調査報告会である日中学生シンポジウムの開催等がすべてオンラインでなされました。いろいろ制約はあったもののコロナ禍のもとでオンラインによる現地調査研究をやり遂げた体験は貴重なものであると思います。現地調査研究は本来，学生が自ら課題を設定し，調査を行い，その結果を自ら分析検討し，レポートにまとめ報告するなどの点で，アクティブラーニングの性格を強くもっています。今回のオンラインによる実施においても，この点は基本的に同様であると考えます。学生の皆さんは，この度の貴重な学びの機会をとおして自ら得られたものをいろいろ実感できたのではないかと推察します。

　今回の現地調査研究の実施にあたっては，北京外国語大学日本語学院の徐滔学院長，熊文莉副学院長をはじめ関係する教職員・学生の皆様に多大なご支援，ご協力をいただいたことに厚く御礼申し上げます。あわせて特に指摘しておきたい点は，本学は本年度北京外国語大学と大学間協定を新たに締結したことであり，協定校としての最初の記念すべき取り組みが今回の現地研究調査であったということです。その点では，楊丹学長，孫有中副学長などの北京外国語大学の指導部の皆さまにも感謝申し上げます。今後とも両大学が良好な関係を継続，発展させていくことができればと期待しています。最後に，現地研究調査の運営・指導に当たられた現代中国学部の関係教職員および本報告書の作成に努力をされた学生の皆さんにも敬意を表します。ご苦労さまでした。

第22回現地研究調査を終えて

愛知大学現代中国学部長　砂山幸雄

　愛知大学現代中国学部の「現地研究調査」は1999年に北京で行われたのを皮切りに，毎年中国・台湾の各都市で実施してまいりました。この間，いろいろな困難に直面しながらも，関係者のご尽力により継続することができましたが，2020年，全世界を襲ったコロナ禍はこれまでの困難とは全く事情が異なり，ついに途切れてしまうかと一時は覚悟しました。しかし，本報告書が示しているように，2020年度の活動は「現地」に行かない「現地研究調査」という異例の形で，成功裏に実施することができました。これは，徐滔院長をはじめとする北京外国語大学日本語学院の先生方，学生の皆さん，またご協力いただいた各単位の先生方，また学生との座談会に応じてくださった各企業の責任者の皆様のおかげです。ここに現代中国学部を代表して厚く御礼申し上げます。

　私たちの活動は日本語では「現地研究調査」という名前です。中国語で「現地」というとあまりニュアンスが伝わらないかも知れませんが，本やインターネットの情報ではなく，中国の現地，現場に立って自分の目で見，自分の耳で聞いて情報を整理し，分析し，現地で報告するという活動に大きな教育的意義があると考え，本学部の「現地主義教育」の3本柱のひとつに位置づけてきました。しかし，今回はコロナ禍のために現地・現場に行けないという状況のもとでも，ぜひともこのプログラムを実現して欲しい——唐燕霞先生と金湛先生には非常に困難な仕事をお願いしたわけですが，オンラインを活用して見事に任務を果たしてくださいました。

　これまでの「現地研究調査」は，毎年変わる訪問地ごとに，それぞれの地域の特色のあるテーマを設定して実施してきました。しかし，今回からは北京外国語大学日本語学院との協定に基づき複数年度にわたり活動を行うことにしました。これにより，調査テーマの決定から事前学習，実施まで時間的なゆとりをもって取り組むことができるほか，優れた日本語能力を持つ「北外」の学生との協働活動から得られる知的な刺激にも期待していたところでした。残念ながら現地での活動を行うことはできませんでしたが，今回の経験は今後の新しい教育活動のあり方に大いに参考になるのは間違いありません。もちろん「現地」「現場」でなければ，どうしても得られない知見や啓発はあるでしょう。しかし，オンラインを通して得られる情報や知識あるいはチャンスは，事前の予想よりずっと大きいことがわかりました。それはこの報告書をご覧いただければわかっていただけるはずです。来年度以降，ぜひ現地・現場での活動と，オンラインでの活動とを組み合わせることで，これまでよりもっと高いレベルの教育的成果を収めることができるのではないかと期待しています。

　最後になりましたが，愛知大学の学生には北京に行けるようになったら，今回知り合いになった北外の学生の皆さんと再会して，友情をさらに発展させてほしいと願っています。またCovid-19が一日も早く収束し，北外の皆さんが計画通りに今年名古屋を訪れて，私たちの学生諸君とともに今日の日本社会を考察する活動が行えるよう祈っています。最後に改めて，皆様のご協力に心から感謝申し上げます。また，学生の皆さん，お疲れ様でした。謝謝大家！

中日大学生融合学习及社会考察活动报告会开幕式致辞

北京外国语大学副校长　孙有中

尊敬的爱知大学川井伸一校长，

老师们、同学们：

大家下午好！

今天我非常高兴参加爱知大学与我校开展的线上融合学习与社会考察活动报告会。借此机会，我谨代表北京外国语大学对拨冗出席的各位专家学者表示诚挚的欢迎，向为本项目的顺利开展付出辛勤汗水的老师们表示感谢，对即将圆满完成项目的同学们表示热烈的祝贺。

随着国际交流的深入，学习对象国语言和文化的意义进一步凸显。北京外国语大学一直以培养高水平的外语专业人才为己任。建校以来，北外培养了大量外交、经贸、教育、传媒、法律等各个领域的优秀人才。迄今为止，北外已获批开设101种外国语言，是中国开设外语语种数量最多的高校。北外与众多世界一流高校保持着人才培养合作和学术对话，不断提升教育国际化水平。

我校日语学院创建于1956年，是北京市重点学科和全国日语语言文学重点（培育）学科单位。创办64年来，日语学院一直致力于培养具有国际视野和强烈社会责任感的新时代人才。目前，日语学院已经与日本近30所大学建立了校际交流关系。特别是今年与爱知大学签订校际交流协议后，日语学院与爱知大学现代中国学部开展"中日大学生融合学习及社会考察活动"，双方学生组成小组，共同学习研讨、实地考察、撰写研究报告，是中日学生融合学习的一种有效尝试，对共同培养高端人才具有重要的意义。

李克强总理曾说"青年人代表着未来。中日两国的青年人怎么看对方，会影响两国关系今后的走向和发展。所谓'欲流之远，必浚其源'，推动中日关系长期合作和友好，终究要靠深植两国青年彼此信任。"我想，两校开展的学术交流、融合学习，一定能助力我们增进彼此间的了解，深化彼此间的友谊。我校愿意继续支持中日师生互访交流，拓展沟通方式，为增进理解互信、促进中日友好加油助力。

"国之交在于民相亲，民相亲在于心相通"。更深入、更多元、更真诚的对话，将会拉近人们之间的距离，使世界更加美好与和谐。我校将继续依托语言教学与国别区域研究的优势，努力搭建合作与交流的平台。虽然新冠肺炎疫情阻隔了我们的距离，但阻挡不了我们希望互学互鉴、真诚沟通的心愿。我们衷心盼望疫情尽快结束，期待下一次能够在北外接待大家，期待在北外、在爱知大学美丽的校园里听到中日两国的年轻人用彼此的语言真诚交流、合作探究的声音。

最后，祝愿此次报告会取得圆满成功。谢谢大家！

中日大学生融合学习及社会考察活动报告会闭幕式致辞

北京外国语大学日语学院院长　徐　滔

砂山学部长、老师们、同学们：

大家好！

首先祝贺今天的报告会取得了圆满成功。刚才丁老师说超出了事先的预想，对我来说也是一样，报告会的质量之高大大超出了预想。我想之所以能取得这样的成功，首先要感谢爱知大学和北外的老师们，以及负责事务联络的吉 老师和孙晓英老师，同时还要感谢四位助教同学。当然最主要的还是要感谢参与这个项目的两校同学们的努力。是你们的努力结出了非常丰硕的成果！

今天参加报告会，其实我很感慨，因为这个项目能取得今天的成果，真的是很不容易。回想第一次砂山学部长、唐老师来到北外，已经是一年多前的事了。爱知大学现代中国学部举办这个活动非常有经验，今年是第22年。对我们日语学院来说，是第一次组织这样的活动，真的是摸着石头过河，没想到中间又经历了新冠疫情这么重大的变故。所以几个月来我们反复沟通，不断调整方案。改为线上之后，其实有很多不安和担心。因为对于交流沟通来说，"面对面"是一个重要的前提条件。现在只闻其声不见其人或者最多只是面对着屏幕上的人，还是会缺少一点"真实感"。能否通过线上交流的方式达到我们预期的目的，老实说心里一直还是惴惴不安的。好在今天高质量的报告会已经完全打消了我的这种不安。

同时我觉得线上方式还带给我们一些惊喜，也就是在具体做法上有一些创新，这也是在我和唐老师、丁老师不断的沟通、碰撞下想出来的。首先就是助教制度的引入，助教同学很辛苦很尽责，在分组讨论、准备报告的过程中，起到了非常核心的组织作用，效果非常明显。其次就是有分有合的互助学习方式。据说以往都是采取团队学习的形式，但是这次因为既是学期中间又是线上的关系，无法做到这一点。于是我们就改为有分有合，既有整个小组的讨论，又有中日学生一对一的互助学习。两校学生除了学习之外，还会在微信上聊很多同龄人之间的共同话题，相互成为了好朋友。新冠疫情是谁都没想到的非常不利的因素，但是中文有个词叫"化危为机"，我们在克服不利因素的过程中反而做出了一些创新，这可以说是一个意外之喜。

我们项目的名称是"中日大学生融合学习和社会考察项目"，这也正是这个项目的两大意义：即融合学习和社会考察。融合学习方面，感谢刚才丁老师做出了非常全面以及深刻的诠释。之所以叫"融合学习"而不是"共同学习"，是因为共同学习是1＋1＝2，但融合学习一定是1＋1＞2，我们正是期待这种1＋1＞2的效果。两个多星期里，中日两国的同学们互相帮助、互相学习，同时也互相刺激，都给予了对方可能事先没有预想到的非常良性的刺激，从而达到了互相理解和互相提高的目的。今天日本同学的中文报告、中国同学的日语点评和日语感想都非常精彩，虽然大家说的外语可能还有点不那么标准或者不那么漂亮，但同学们互相用对方的语言报告，我觉得这表达了一种诚意，就是表明我们彼此愿意走进对方，了解对方，从而成为朋友。今天的每一个报告、点评和感想，都是中日两国同学共同努力的成果，也是友谊的成果。

我想这是融合学习给我们带来的最大收获。

第二是社会考察。大学被称作"象牙塔",总体来说和社会还是会有一定的隔绝。这次我们虽然是在线上,但通过与四个不同类型的中国企业的座谈会,了解了中国企业的实际情况,从而更加了解中国经济的现状,相信这不仅对日本同学、对中国同学来说也是非常大的收获。同时企业也很欢迎这样的形式,他们表示特别是日本同学的一些提问角度,是他们没有想到的,让他们觉得很新奇,也引发了他们的一些思考。所有这一切都说明,这个项目不仅对我们两校学生、对企业和大学来说都是双赢或者说多赢的活动。同学们在这么短的时间就能做出这样的报告,让我很感动也很敬佩,当然我们也期待今后大家的研究能够进一步深入。比如今天关于女性就业的报告中,有提到考察的四家企业都回答在女性的晋升方面没有任何歧视。那么我们可以更进一步考虑,也许显性的歧视是没有的,但它的后面会不会有隐性的歧视呢?在晋升方面,貌似男女站在同一个起跑线,但是女性因为什么而最终大幅度落后于男性呢?像这样的问题建议同学们可以进一步去调查研究。

对于日语学院来说,这次我们是摸着石头过河,但是取得的成果远远超出了意料。今后我们也会和爱知大学的老师继续探讨、摸索、改进合作方式,将这个项目继续办下去,并且越办越好。今后一个是拓展主题,这次是中国企业,以后可以是教育、文化、农业、养老等等,主题可以层出不穷;第二可以是双向的,我们正在筹划借鉴这样的方式,把日语学院的学生带到日本,和爱知大学的同学们一起,去了解日本的方方面面。第三,这次因新冠疫情不得不采取的线上形式,对我们其实也是一个启发。我们今后可以做线上线下的融合,充分利用微信等各种社交媒体,比如讲座、讨论可以采取线上的形式,以及当发生新冠疫情这样的突发状况时,实地考察也可以改为线上。当然,我们还是最希望能够面对面的交流,盼望明年能在北外的校园里欢迎爱知大学的同学们。

最后再次感谢为本次项目的成功付出努力的老师们和同学们,期待今后我们两校的交流取得更丰硕的成果。

谢谢!

第22回現地研究調査参加者名簿

◉ 愛知大学学生

【人的資源管理チーム】
村瀬志織　　　白木梨乃
梅村萌花　　　三谷莉菜
橋本詩礼愛

【女性の働き方チーム】
野村佳那　　　稲垣祐美
水谷日向子　　大村　綾
柴田瑞希

【農村観光チーム】
蓑田聡幸　　　佐藤尚輝
岸浪ゆめ　　　渡邊涼乃

【SNS チーム】
張　笑語　　　鬼頭真愛
中根　優　　　中野　舞
阿久津衣織　　岩見茉那

◉ 愛知大学指導教員

唐燕霞（人的資源管理チーム，女性の働き方チーム担当）
金　湛（農村観光チーム，SNS チーム担当）

◉ 愛知大学事務職員

吉岡侑太郎（連絡係）

◉北京外国語大学学生

【人的資源管理チーム】
姜笑宇　　　林崇威　　　趙金玉
王孟瑜　　　黄嫣然

【女性の働き方チーム】
葉鑫宇　　　武鈺茜　　　賈晨雨
王一舒　　　任乾源

【農村観光チーム】
蔡璟昱　　　岳忠昊　　　陳一笛
宋寧静

【SNS チーム】
劉宸瑋　　　呉忠璇　　　張鑫雨
王志涵　　　劉沢儒

◉北京外国語大学指導人員

徐滔（オーガナイザー）
丁紅衛，張季風，陳慕薇（講座講師）

◉北京外国語大学事務職員

孫暁英（連絡係）

第22回現地研究調査地点

現地研究調査地点
(第21回まで)

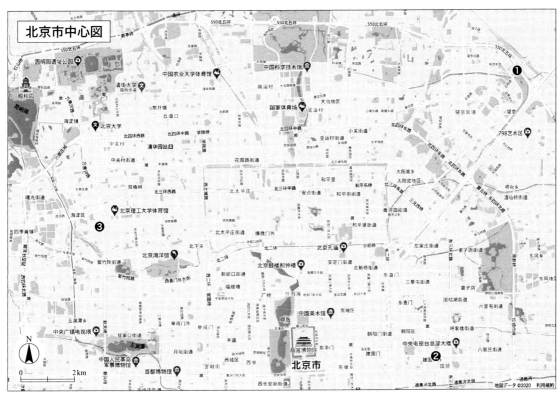

①中国中軽国際控股有限公司
　（保利集団傘下）
②トヨタ自動車(中国)投資有限公司
③外語教学与研究出版社
④上海瑞茵健康産業有限公司開心農場

地図出所：『Google マップ』2020をもとに作成。

第22回現地研究調査実施日程表 （2020年10月29日～11月14日）

日にち	午前	午後
10/29(木)	顔合わせ会／講義①②	討論
10/31(土)	講義③④	討論
11/2(月)	中国中軽国際控股有限公司 保利健康産業投資有限公司（保利集団傘下）	トヨタ自動車(中国)投資有限公司
11/3(火)	外語教学与研究出版社	上海瑞茵健康産業有限公司開心農場
11/4(水)～11(水)	シンポジウム準備	
11/12(木)	シンポジウムリハーサル	
11/14(土)	日中学生国際シンポジウム	

※すべてオンライン（Zoom または Microsoft Teams）にて実施

●北京外国語大学学生との融合学習における講義科目

講義①：「イントロダクション，国や地域研究の視点と研究方法」
　講師：丁紅衛（北京外国語大学北京日本学研究センター副教授）

講義②：「中国の経済発展と日中経済協力」
　講師：張季風（中国社会科学院日本研究所研究員）

講義③：「中国の郷鎮企業と地域経済」
　講師：陳慕薇（北京外国語大学日語学院専任講師）

講義④：「中国における女性就業——その変化と要因分析」
　講師：丁紅衛（北京外国語大学北京日本学研究センター副教授）

第 1 部

第22回現地研究調査報告

調査概要

三谷莉菜

1．調査目的・方法

　今回調査を行った企業は，中国中軽国際控股有限公司・保利健康産業投資有限公司（保利集団傘下），トヨタ自動車(中国)投資有限公司，外語教学与研究出版社，上海瑞茵健康産業有限公司開心農場の計4社である。

　調査の具体的な内容としては，実際に企業に対して調査を行う前にそれぞれの分野に分かれて先行研究を行い，それをもとに企業に対する調査項目を作成し，それを用いて調査を行った。例年では中国の企業に直接訪問しフィールドワークを行うが，新型コロナウイルスの流行により現地での調査活動が困難な状況となったため，今年度はインターネットを用いてオンラインの座談会形式の調査を行った。「中国ビジネスで成功するには」というテーマをもとに人的資源管理，女性就業，農村観光，SNSの4つのチームに分かれ，それぞれの視点から各企業の研究，調査を行い，現状から今後の課題を考えた。ご多忙の中，今回の調査のために貴重な時間を作っていただいた企業の皆様に，改めて深く御礼申し上げたい。

2．調査先企業の会社概要

(1)　中国中軽国際控股有限公司・保利健康産業投資有限公司（保利集団傘下）

　保利健康産業投資有限公司(以下，保利健投)は，保利集団傘下の保利発展ホールディングスが健康養老分野の発展を推進する核心的なプラットフォームである。保利発展ホールディングスは1992年に設立された中国の国有企業で，主に不動産開発をメイン事業とし，現在では軽工業産業，文化産業など幅広い分野に事業を展開している。保利健投は「健康＋」を戦略目標に，健康養老サービスを切り口とし，社会に専門的な全ライフサイクル，全年齢に対応する居住型健康サービスを提供し，健康産業投資と運営の優良生態圏を構築し，業界の発展を促進する「健康生活同行者」になる

ことを目指している。

　中国中軽国際控股有限公司（以下，中軽国際控股）は1983年に設立された保利集団傘下の大型国有企業である。同社は中国で最も早く技能実習生の日本派遣事業を手掛け，1987年以降日本へ派遣した技能実習生は毎年300–1,000人であり，ここ30数年来派遣した人数は延べ2万人にのぼる。また近年では将来性のある介護産業に力を入れ，介護人材育成計画として保利健投と中軽国際控股との強い連携により，中国の養老介護における国際人材育成強化という実用的な取り組みが行われている。全国対外労働派遣プロジェクトにおいて唯一の出国＋帰国就業サービスの閉ループ型人材育成モデルであり，国家の健康養老人材育成計画と高度に合致している。中軽国際控股は前後して咸寧職業技術学院，天門職業学院，渭南職業技術学院，遵義医薬高等専門学校，雲南省臨滄衛生学校を含む10余の省市の20あまりの高職学院と提携し，中西部地区看護関連専門学校の学生に良質な海外実習就業機会を提供している。

(2)　トヨタ自動車(中国)投資有限公司

　トヨタ自動車は1937年に設立された日本を代表する大手自動車メーカーである。日本に本社を置き，世界26カ国に50の生産拠点を持っている。中国とは1960年代から交流を持ち，1980年には北京にトヨタ北京事務所を設立している。今では各地に自動車販売会社を持つなど，中国は大きな市場拠点となっている。中国トヨタの販売台数は年々増加しており，2019年には971万台にも及んでいる。これは日本国内での売上を上回る数字である。また電気自動車，自動運転などの開発も積極的に行われており，現地の企業と協力した合弁企業が数多く存在している。国産車，輸入車，プレミアムブランドなど多種のブランドを展開し，中国の消費市場に合わせた販売を行っている。

(3)　外語教学与研究出版社

　外語教学与研究出版社（以下，外研社）は1979年に設立された北京外国語大学直属の出版社であり，傘下には10の支社と12の独立法人を持つ国内最大の外国語出版組織である。発足当初の売上は30万元程度だったが，さまざまな努力により，2010年には20億元にまで増大させるこ

とに成功した。活動内容としては，外国語書籍を中心に教育分野，子ども向け書籍まで，幅広いジャンルに展開している。外研社の教育分野の業績として，大学向け英語教科書の市場の50％前後，小中学校向け英語教科書の市場の30％以上を占めるなど，教育分野全体の多くを担っており，全国の2,300万人以上の小中学生が，外研社の教科書を使用している。また，80種類にも及ぶ言語の書籍を扱っており，その内容も言語にとどまらず，法学，科学などさまざまである。外国語事業部の中でも日本語事業部が一番大きく，最大年間売上は5,000万元にのぼる。一般的な外国語書籍市場では，市場シェアは国内で 1 位に到達し，また日本語，ドイツ語，フランス語，ロシア語などの小さな言語の書籍市場シェアもトップに位置している。

また近年では，インターネットを用いた電子書籍，オンライン学習サービスなど多くの媒体に事業を展開している。

⑷　上海瑞茵健康産業有限公司開心農場

上海瑞茵健康産業有限公司は2003年に設立され，前期は環境保護をメイン事業としていた。主に有機食品，健康管理コンサルティングなどの分野で投資，運営業務を行っている。また農場の開設やショッピングモールへの有機野菜の提供などそのジャンルは多岐にわたり，季節に合わせた事業を展開している。環境，文化，健康など人々の生活に密接したプロジェクトを多く発信している。健康の自己管理と維持，農業園芸の経験，楽しみ，相互作用，知識，進歩の統合は，すべての年齢層に適し，消費者に利益をもたらす農業医療の実践を提唱している。

第1章

中国でビジネスを成功させる要素

【人的資源管理チーム】

I　企業文化の差異と離職率

梅村萌花

はじめに

　中国に進出する日系企業を調査するにあたり，まず目を向けるべきことのひとつとして，日本と中国の文化的差異が挙げられる。これは生活習慣等の文化に限らず，ビジネス上での企業文化も重視しなければならない。経営方法は世界共通ではなく，国によっても時代によっても大きく変化する。日本企業の「やりかた」をそのまま中国に持ち込もうとすれば，あっという間にその計画は頓挫してしまうであろう。それほどに企業文化とはビジネスにおいて重要なものであり，日中間の文化は大きく異なるということがうかがえる。言語の問題もさることながら，お互いの文化を理解して初めて，円滑な異文化経営を視野に入れることができるのである。

　本稿では先行研究として調査した「日中間のさまざまな文化的差異」と，その中でも特に注目されるべき「異なるキャリア観による日中の離職率」について述べていく。

1　先行研究

(1)　文化の重要性

　まず文化とは何か。ここで言う「文化」は，オランダ人学者であるヘールト・ホフステードが提唱した定義を指す。

　　「文化は集合的に人間の心に組み込まれるものであり，集団によってあるいはカテゴリーによってそのプログラムは異なっている。社会人類学では，広い意味の『文化』は考え方，感じ方，行動の仕方のパターンを総称するものである。精神を洗練するための活動だけでなく，挨拶，食事，感情の表し方や抑え方，他人との距離の取り方，愛し方，身繕いの仕方など，日常的な些細な活動も広義の文化に含まれる。」[1]

　また，文化には目に見えるものと目に見えないものがある。前者には上記のように挨拶や食事中

の規則のような地域ごとの慣習，後者には距離の取り方等，個人の価値観が当てはまる。同じ仕事をするうえで，他人をある程度理解することは言わずもがな必要であり，異文化経営においては，それは必須事項となる。習慣・風習，企業文化に至るまで多くの違いを持つ日本と中国は，これにより生じた問題をどう解決し乗り越えていくのかが重要なポイントとなる。

(2)　中国と日本の企業文化の違い

　ではその文化的差異とはどのようなものがあるのだろうか。生活を送る際の違いは，今回は省略するとして，ビジネス上での違いを挙げていく。

①　業務報告

　与えられた業務を進める中で進捗を報告すること，いわゆる「報連相」は，日本では当たり前とされている。仕事が計画通りに進んでいるかの確認と同時に，問題の共有，また上司と部下のコミュニケーションの役割も担っている。しかし中国ではその概念は確立されておらず，事後報告が一般的である。この違いから日系企業では，管理職として勤務する日本人赴任者からは，報連相がないことへの不満が湧く一方，何度も進捗を確認され，「信用されていないのかもしれない」と不信感を抱く現地人社員も少なくない。

②　専門性

　これは就職後にどのような職種を手に付けるかについてである。日本では，突然の転勤やジョブローテーションが多く，これは「社員はさまざまな種類の仕事をこなせるべき」という考えが根付いているためである。対して中国では専門性を重視しており，一度就いたら職種も勤務地も変わることはほとんどない。この考えは欧米からのもので，中国は欧米型雇用形態を採用していることがわかる。

　日本は国内でも転勤の多さは問題視されており，この不安定さが原因で離職を選ぶ社員も多い。では転勤を受け入れる社員はなぜ未だ一定数存在するのか。それは日本の終身雇用制度が関係しているのだが，それについては後ほど詳しく述べていく。

③　仕事観

　日本の企業で特に大事にされているのが，時間

やマナーなどの規則であるのに対し，中国では人脈が重要とされている。人脈は「関係」と呼ばれ，人を惹きつける魅力がなければ商売はできない。血縁に限らず，同郷であることや同じ大学出身であることが人脈となる場合もあれば，業界で顔が利くことも人脈になる[2]。人脈を持つことでどうなるかというと，就職や転職にほとんど困らなくて済むというアドバンテージを獲得できるのである。また，人脈は実力のひとつとしてカウントされ，どれだけ強い人脈を手にするかの競争も巻き起こっている。日本では，人脈はそれほど表舞台に出されることはなく，むしろ水面下で取引のダシにされるような悪いイメージが強いうえに，求められるのは同僚など距離の近い人間とのコミュニケーション能力の方が割合的に大きい。

なお，日本と中国の人脈のとらえ方の差は，日本人赴任者と現地人社員の間での，コミュニケーション問題の一因となりやすい。

④　昇進基準

日本の昇進・昇給制度は年功序列が一般的であるが，反対に中国はもっぱら実力主義の企業が大部分を占めている。努力して成果をあげたらその分高い報酬を受け取るという「信賞必罰」の仕組みを好む。このように評価が仕事の遂行状況から行われるので，結果的に納得性の高い人事評価が下されるシステムになっている。また，中国の昇進には③で触れた人脈が大きく関わってくる。どれだけ実力があったとしても，人脈がなければ埋もれてしまうこともある。

日本の評価基準は，実力主義ほど競争率の高いものではなく，個人が持つ能力を人事が見極める仕組みである。「この能力を持っているならこの仕事ができるはずだ」といわば人事の推定で決められるので，中国人から見ると曖昧なものに見えてしまい受け入れにくく感じるのである。

⑤　転職

日本の会社で転職となると，それは大きな決断であり，再就職先を見つけるのにとても苦労するといったネガティブなイメージが強い。②の終わりに軽く触れたが，否定的な意見の多い転勤がなぜ未だに続いているのか。それは「日本で働くこと」が，「終身雇用制度」と強く結びついている

のが原因となっている。終身雇用が大前提となっている日本では，転職するということは，保証された仕事人生を置き去りにしていかなければならないということである。

一方この現状は企業から見ると，非常に負担が大きい。ひとたび社員を雇ってしまうと，半永久的に雇用しなければならなくなり，20年，30年という時間が経過すると，ビジネスの中身や拠点は大きく変化する。

ここ20年の間でも，たとえばトヨタ・グループの発展に伴い大阪から名古屋に本社を移した企業も少なくない。諸外国の企業であれば，ビジネスの中身や拠点が変われば，ガラッと人を入れ換え，新しい拠点で人を採用するが，日本の場合には，在籍している社員に頼らざるを得ない。そうなってくると，どうしても転勤という形で引っ越しをさせないと，人の都合がつかなくなってしまう。さらに言えば，社員の平均在籍期間が長いので，不正などを防止するため，一定期間ごとに人を移動させる必要があるという事情も影響しているのであろう[3]。

では中国での転職はどうとらえられているのか。中国人は「会社に尽くしたい」というよりも「自身のキャリアアップに繋げたい」という考えをもって会社を選んでいる。そのため，さまざまな会社で経験を積んでキャリアアップに繋げるため，今の勤め先より給料が高いから，等の理由で転職に抵抗のある人は少ないようである。

ここまで文化的差異を見てきたように，日本と中国では職業観が全く違う。中国に進出する日本企業は，日本人赴任者と現地人社員両者が受け入れられるようなシステムを工夫していかなければならない。

(3)　離職率

前節の⑤で転職について触れ，日本と中国では転職のとらえ方が大きく異なることがわかった。ここではそれをさらに掘り下げ，実際にどれほど数字に表れるかを見ていきたい。

図1は2019年のアジアを拠点としている日系企業の離職率を表したグラフである。全体の離職率は15.5％，中国は19.9％とほかの国に比べて高い。また，下の従業員数別のグラフから，従業員

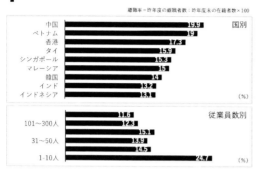

図1　日系企業の離職率

出所：アジア進出日系企業の平均離職率は「15.5％」，進
　　　出成功に与える影響は？　https://www.digima-japan.com/
　　　knowhow/world/15076.php

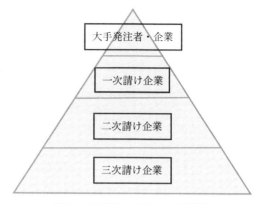

図2　IT業界のピラミッド構造

出所：「IT業界の構造はなぜピラミッド構造なの？　わか
　　　りやすく解説！」　https://edproco.com/666.html より筆
　　　者作成。

が少ない会社，つまり中小企業の方が，離職率が
きわめて高いことがわかる。

　勤続年数の差が顕著に表れている例として，IT
企業に着目した。これは中国企業の中でも特に勤
続年数が低く，平均3年以下となっている。その
理由の一つとして業界がピラミッド構造だという
ことが挙げられる。

IT業界は階層構造になっているのが一般的で，
大手IT企業が受け持つ一次請け企業，大手IT企
業からの発注を受ける二次請け企業，さらにその
下に三次請けとよばれる企業で成り立つピラミッ
ド型をしている。上の階層ほど人口が少なく，下
の階層ほど人口が多い構造となっている（図2）。

　IT企業の平均勤続年数（2018年時点）を中米
日の3カ国間で比較してみると，中国はアメリカ
と日本よりも全体的に低く，1年に満たない企業
もある。その一方で，日本は平均が18年を超え，

中国企業平均勤続年数

中国聯通	4.7
中国移動	4.4
中国電信	4.1
ファーウェイ	4.0
アリババ	2.47
テンセント	2.28
百度	2.19
京東	1.86
シャオミー	1.72
滴滴出行	1.41
ofo	0.99
Mobike	0.92

米国IT企業平均勤続年数

シスコシステムズ	7.8
オラクル	7.0
アドビシステムズ	5.3
アップル	5.0
セールスフォース	3.3
グーグル	3.2
ネットフリックス	3.1
ボックス	2.7
エアビーアンドビー	2.6
フェイスブック	2.5
スクエア	2.3
テスラ	2.1
ドロップボックス	2.1
ウーバー	1.8

NEC	18.6
ソニー	18.5
ジャパンディスプレイ	18.2

図3　IT企業の平均勤続年数

出所：「中国IT企業の勤続年数は3年以下。福利厚生で離職は食い止められるか」　http://tamakino.
　　　hatenablog.com/entry/2018/06/12/080000

同じ会社で働くという考えが基本になっていることが読み取れる。

IT企業で収入を上げるには一つの場にとどまらず，スキルアップできる会社に転職することが推奨されている。日本の企業が大手のものしか挙げられていないにせよ，それでも中国と4倍以上の差がついているのは，日本の企業文化が強く根付いていることの表れなのではないだろうか。

2　調査結果

今回の調査は，座談会という形で，保利集団傘下の中国中軽国際控股有限公司・保利健康産業投資有限公司（以下，保利健投），トヨタ自動車(中国)投資有限公司（以下，トヨタ(中国)），外語教学与研究出版社（以下，外研社），上海瑞茵健康産業有限公司開心農場（以下，上海瑞茵）の4つの企業を対象に，オンライン通話による一問一答形式で行われた。高齢者介護，自動車産業，出版社，農業サービスと，企業数こそ少ないが広い範囲の業種を調査することができた。時間の制約もありすべての質問はできなかったが，各企業の昇進制度や，比較的高い離職率の中，いかに人材を維持し続けるかをまとめることができた。

先行研究では，中国の昇進方法はもっぱら「信賞必罰」，業績による評価であることがわかったが，各企業の質疑応答では「業績以外にも評価する点はあるのか」という質問をした。結果として，保利健投，トヨタ(中国)，上海瑞茵の3つは，チームワークや責任感など普段からの態度や，積極性などの意欲をよく見ているという回答があった。外研社のみ，価値観を一番重視していると回答した。「正直」「担当」「協力」という三つの価値観を掲げ，業績よりもこちらを優先するとした。出版社という業種ゆえだろうか，話をしてくれた外研社の担当者は，いくら仕事ができる社員でも，価値観が合わなければ切るとも発言した。

昇進に繋がる評価基準が明らかになったと同時に，実際の昇進制度にも焦点を当てていきたい。あまり詳細は聞くことができなかったが，企業ごとの大まかな昇進の方法にも細かな違いがあることがわかった。保利健投では，すべての社員がまず現場で働くことが前提とされている。現場での

教育・訓練を経て初めて昇進の機会を得ることができる。トヨタ(中国)では，毎年面談による昇進及び昇格の機会が設けられており，階層ごとに昇給額が固定されている。また特に主張していたのが，昨今のコロナによる経済への影響が，昇格昇給のシステムに大きく関与してくるということだった。これはどの企業にも言えることであるが，トヨタのような他国との輸出入が不可欠な企業は，特にその懸念が大きくなるのではないだろうか。上海瑞茵も同様に，面談が中心となる。外研社では，まず言語大学を卒業していることが前提とされており，そのあと決まった年数の下積み期間と研修，審査を経ることによって，専門職でも管理職でも比較的自由な選択が可能となる。

まとめ

先行研究および調査・座談会を通して，中国と日本の企業文化の差異，そしてそれによる対応の違いを知ることができた。本調査では「人材の確保と長期的維持」をテーマに掲げていたが，それを達成するためには，昇進の分野から見れば，「社員に将来を期待させられるような明確な昇進ルートを提示すること」が重要と言える。今回調査を行った4つの企業も，昇進の機会を多く与えたり，昇進先が固定されない自由な社風を重んじたりと，優秀な社員が離れにくくなるような工夫をしていることが見て取れた。

注

1）G・ホフステード著，岩井紀子・岩井八郎訳『多文化世界』有斐閣，1995，pp. 4-5.
2）浅田夕香「【上海編】中国でのビジネスは，決断の速さと人脈が肝」就職ジャーナル（2015.5.26）https://journal.rikunabi.com/p/archive/15405.html（最終アクセス：2020.9.29）
3）加山桂一「「転勤」という奇妙な風習が日本でなくならない理由」ミモレ（2019.4.27）https://mi-mollet.com/articles/-/17145?page=2（最終アクセス：2020.9.29）

参考文献

陳塵「中国における日系企業の異文化経営に関する一考察――異文化コミュニケーションを中心として――」『東洋大学大学院紀要』52号，2015　http://id.nii.ac.jp/1060/00008688/
胡桂蘭，古田秋太郎「在中日系企業中国人社員の職業観と日本企業文化に対する評価―アンケート調査―」『中京経

営研究』11(2)，2002　https://ci.nii.ac.jp/naid/110006604407
張英莉「在中国日系企業の人材マネジメント：現状・問題点・課題」『埼玉学園大学紀要　経営学部篇』8 号，2007　https://ci.nii.ac.jp/naid/10026663143/
Brain Gate「一次請け，二次請けとは？　IT 業界のピラミッド構造について」　https://www.brain-gate.net/content/column/system-program-it-pyramid/（最終アクセス：2020.12.15）

II　日中の雇用形態比較と離職対策

村瀬志織

はじめに

　現在の日本における雇用対策をめぐる主な問題として，非正規雇用の増大に目が向けられる。総務省統計局による2020年労働力調査において，雇用者5,601万人のうち，正規の職員・従業員数3,537万人，非正規の職員・従業員数2,064万人という結果が明らかにされた[1]。

　なぜ，企業は非正規社員を増やすのか。厚生労働省の就業形態の多様化に関する総合実態調査の概況によれば，企業が非正規雇用を増やす理由には，人件費を削減し，会社の利益を増やすため，景気変動に応じて雇用量を調整するため，といったことが挙げられた[2]。

　このような日本の現実から，研究内容を日中の雇用形態の比較と共に，浮かび上がってくる就業問題と課題について研究していく。

　また，「若年雇用問題」に対しても考えていく。日中両国において，若者を取り巻く環境は近年，大きく変化しつつある。変化の形は各国各様であるが，若者の雇用が経済・社会情勢の変化に大きな影響を受けるという点では共通している。それゆえに，若者の雇用のあり方が今，各国において重視されていると考える。

1　先行研究

　日本企業は，主に社員を終身雇用し広範囲での知識，技術を持つゼネラリストに育てる。それに対し中国企業は，その仕事に適した能力，キャリアを持つ人材を流動的に採用するといった方法を

とる。そこで今後，中国における日本企業は仕事ありきでの中途採用を推進せざるを得ない環境に入ると想定される。企業が人材市場戦略としてこれまでに採用した人材と，新たに中国型の考えで採用した人材の社内における意識の融合化が重要となってくる。つまり，日本独自の企業文化及び共有する理念，ビジョンを中国人の価値観に合わせて応用する必要があるということである。

　現在の日本では，外国人の採用に積極的になりつつあり，企業はさまざまなスキルを持つ人材募集を行っている。外国人が日本企業へ就職，転職しやすい環境へと変化しているのだ。一方中国では，人員削減の禁止や雇用維持対策を掲げることで，労働者が安心して働ける環境づくりに力を入れている。このことからグローバル化によって，働き手のニーズに合わせた多様で柔軟な働き方を推進することが必要であるといえる。

　以上のことから中国に進出する日本企業は，企業文化における「安定性」に加え，外国人雇用によるキャリアを持った人材確保を行うことでより良い企業発展に繋がるといえる。また，信賞必罰に基づく社員個別の待遇を行い，昇給と地位を与え，有能な中国人社員の上昇志向に応え，長期勤続維持を強化する必要がある。

　しかし，グローバル化やデジタル化が進む中で，「終身雇用」，「年功序列」，「企業別組合」という三つの特徴をもつ日本の雇用制度が問題視されている。制度の拙速な見直しは，雇用が不安定になる恐れがあるため，労働者のセーフティーネットを整えるべきとされる。経済社会構造の変化と，企業の雇用システムに対する考え方や対応状況を分析すると共に，労働者が意欲と能力を発揮し，企業が活性化するための雇用システムの在り方を検討していく必要がある。非正規雇用が増加し社会問題化することとなり，政府がいかに各企業の非正規の賃上げの判断を促せるかが注目されている。

　日本型雇用システムの特徴でもある正社員のメンバーシップ型とは，社員は新卒一括採用で登用され，OJT や社内研修で育成されながらエスカレーター式に昇進し，終身雇用と年功賃金を保証される。その代わりに経営者は社員の業務や勤務地

などについて強大な指揮命令権を持ち，時にはそれが膨大な残業や過労死につながると指摘される[3]。

　一方，ジョブ型は，アメリカなどで一般的であり，業務や勤務地などはあらかじめ決められており，成果に応じた評価がなされるため，良く言えば柔軟な働き方，悪く言えば不安定な働き方になる。ジョブ型の非正規社員については，定型業務中心で将来のキャリアを考えたスキル形成もされないため，低い賃金の状態から抜け出せず，また企業との非対称な関係性につながってしまい，結果的に不安定な働き方になる構造にある[4]。

　近年，アメリカに倣ってジョブ型の雇用を日本でも取り入れるべきといった議論があるが，上記のようにジョブ型にも問題点はあるため難しく感じる。また，ジョブ型の雇用環境があるアメリカでは，企業内で専門性を高めることが難しいために，大学院などの外部の機関で専門性を高めたり，資格を取ったりする制度や慣行がある。そのため，ジョブ型の雇用制度のみを導入することには，問題点も指摘されている[5]。

　そんな中，日本型雇用制度において見直しの動きが求められつつある。日本の大手自動車メーカーであるトヨタ自動車の豊田章男社長の終身雇用に関する発言が話題を呼んだ。「雇用を続ける企業などへのインセンティブがもう少し出てこないと，なかなか終身雇用を守っていくのは難しい局面に入ってきた」と述べたのである[6]。

　背景にあるのは，グローバル市場でのコスト競争の厳しさであり，国境や業種を超える競争が激しくなる中，企業は労働者に優しいとされる「日本的雇用」との向き合い方を模索せざるを得なくなっているという。終身雇用は年功序列と並び，日本企業における特徴的な雇用制度とされる。また，懲戒解雇に該当するような理由がない限り，日本では解雇することが難しいとされる。「新卒で採用された会社に定年になるまで働き続ける」という働き方は徐々に変わってきてはいるが，今もなお日本の人材の流動性は諸外国と比べて緩やかであると言える[7]。

　厚生労働省は雇用形態にかかわらない公正な待遇の確保として，同一企業内における正社員と非正規社員の間の不合理な待遇の差をなくし，どのような雇用形態を選択しても待遇に納得して働き続けられるようにすることで，多様で柔軟な働き方を選択できる社会を実現させる「働き方改革」を行うと発表した[8]。

　「職業生活の充実」に対応し，働き方改革を総合的に推進するために，国として次のような施策を講じた。それは，労働時間の短縮と労働条件の改善，雇用形態にかかわらない公正な待遇の確保，多様な就業形態の普及，仕事と生活（育児，介護，治療）の両立，以上の 4 つである。詳しく見ていくと，年次有給休暇の確実な取得や労働時間の客観的な把握，産業医・産業保健機能の強化などが挙げられ，また，残業の割増賃金率の引上げなどといった労働者にとって良い条件での労働支援が行われるとのことである。

　総務省「労働力調査」のデータでは，就業者の中における非正規雇用の比率について，アルバイト，パートの比率はやや減少し，派遣社員や契約社員，嘱託の比率が増加傾向にあることが明らかとなった。また年齢による賃金の上昇も少ないということも明確化している[9]。

　また，どの年齢層においても女性の方が非正規雇用の割合が高い。男性は定年を過ぎた65歳以上だけ非正規雇用の割合が高いのに対して，女性は年齢による差が男性よりも少ないことも特徴である。さらに男性の生涯未婚率は，正規雇用より非正規雇用が圧倒的に高いのに対して，女性の生涯未婚率は逆転している。これは非正規雇用が男性の未婚率に大きく影響していることがわかる[10]。

　一方中国では，経済の構造調整や産業の転換・レベルアップによって，インターネット経済等，新たな雇用機会が現れていること，過去の人口抑制政策（一人っ子政策）により，若年層人口は減少に転じ，今後労働力の供給不足の懸念があることが若者の雇用情勢を取り巻く近年の変化として挙げられる。また，若者自身の変化としては，教育水準が上昇していることを指摘し，それが人的資源の面で経済社会の発展に大きく貢献している半面，教育期間の長期化による労働参加率の低下や，高等教育機関の教育内容と労働市場のミスマ

ッチによる卒業生の就職難，職業に対する期待と権利意識の変化といった影響が表れている。若者の就業状況について，被雇用者の割合が圧倒的に高く，自営業者の割合が低いこと，国有企業や大企業に対する志向が強いこと，インターネットを通じた新しい就業形態に対する受容力が高いこと，就業地域もかつてほど都市部への集中は見られないといった傾向が明らかとなっている[11]。

　中国の若者雇用におけるもう一つの大きな問題は，農民労働者についてである。近年の若い世代の農民労働者の生活の基盤はすでに都市部にあり，都市部で就業しながらも，都市と農村という戸籍制度上の制限によって，権利保障等が不十分な状態に置かれているという問題が指摘されている。このように，中国における若者の雇用問題は，高等教育機関卒業生とともに若年農民労働者に注視する必要がある[12]。

2　調査結果

　離職率が高い中国で，どのようにして優秀な人材の流出を防いでいるのかという問題に対する企業ごとに異なった対策が見られた。

　中国中軽国際控股有限公司と保利健康産業投資有限公司では，介護業界であるがゆえに離職率が高いことが問題視され，その多くはとりわけ若者であるため，どのようにして若者の戦力を介護の現場に維持させるのかということが課題として挙げられた。対策として介護業界においてどこにも負けない収入に加えて，食事や寮といった福利厚生も会社側から提供し，保険の面においても手厚く保証している。また，中国政府が勤続年数の高い社員に対し，国の予算から奨励金として年間数万元を付与することによって長期勤続維持を強化するといった対策も見られた。

　トヨタ自動車(中国)投資有限公司は，工場，販売，マーケティング，研究開発などさまざまな部署の中でも人事管理においては，英語人材が流れていく傾向が強い分，教育，ローテーション，昇給，昇格制度を与えている。また，違う自動車業界へ流れていった人材が何年か経って逆戻りする傾向にあり，理由として挙げられたのが，トヨタの人材育成における教育，仕事のプロセスがしっかり構築されているからだと言える。

　外語教学与研究出版社では，高いレベルでの教育，研修を提供することによって，優秀な人材育成の実施を行っている。

　上海瑞茵健康産業有限公司開心農場は，求める人材像として農業における常識を持った人材が挙げられたことから，若い世代での農業に対する意識の向上こそ将来発展への課題ともいえる。

まとめ

　以上のことから，若者の離職率の高さが問題視され，人材の確保こそ重視すべき点であり，人材の流出を防ぐためにも，制度や保険における手厚い保証を提供しなければならない。労働契約を締結するという形態にこだわらない働き方を選択する労働者の増加こそ，雇用の柔軟化，多様化を高め，その結果，不安定雇用に就く若者の増加と高い離職率に影響を及ぼしている。また，雇用情勢を取り巻く近年の変化によって，労働参加率が低下していることから，雇用の質の向上，新しい技術に伴う就業形態に対応した労働基準や社会保障の適応が求められる。

注

1 ）総務省統計局「労働力調査（詳細集計）　2020年（令和2年）7～9月期平均結果」　www.stat.go.jp/data/roudou/sokuhou/4hanki/dt（アクセス日：2020.11.29）
2 ）厚生労働省「労働安全衛生調査（実態調査）（令和2年）」　https://www.mhlw.go.jp/toukei/list/list46-50_an-ji.html（アクセス日：2020.11.29）
3 ）リベラルアーツガイド「【非正規雇用問題とは】現状・原因・実践されている政策をわかりやすく解説」（投稿日：2020.5.22）　https://liberal-arts-guide.com/non-regular-employment-issues/（アクセス日：2020.11.29）
4 ）同上。
5 ）同上。
6 ）北西厚一「『終身雇用難しい』トヨタ社長発言でパンドラの箱開くか」日経ビジネス　https://business.nikkei.com/atcl/gen/19/00002/051400346/（アクセス日：2020.11.29）
7 ）同上。
8 ）厚生労働省「「働き方改革」の実現に向けて」　https://www.mhlw.go.jp/stf/seisakunitsuite/bunya/0000148322.html（アクセス日：2020.11.29）
9 ）同注3 ）。
10）同上。
11）北東アジア労働フォーラム　調査部国際研究交流課

「中国，韓国における若年雇用問題の現状」『Business Labor Trend』（2018.4）https://www.jil.go.jp/kokunai/blt/backnumber/2018/04/026-028.pdf（アクセス日：2020.11.29）

12）同上。

参考文献

北西厚一「『終身雇用難しい』トヨタ社長発言でパンドラの箱開くか」日経ビジネス　https://business.nikkei.com/atcl/gen/19/00002/051400346/（アクセス日：2020.11.29）

北東アジア労働フォーラム　調査部国際研究交流課「中国，韓国における若年雇用問題の現状」『Business Labor Trend』（2018.4）https://www.jil.go.jp/kokunai/blt/backnumber/2018/04/026-028.pdf（アクセス日：2020.11.29）

中内重郎「中国で日系企業が勝ち抜くには『与える文化』から『引き出す文化』への転換が急務」HRPro（投稿日：2019.1.7）https://www.hrpro.co.jp/series_detail.php?t_no=1681（アクセス日：2020.11.29）

厚生労働省「雇用形態に関わらない公正な待遇の確保」https://www.mhlw.go.jp/content/000474490.pdf（アクセス日：2020.11.29）

リベラルアーツガイド「【非正規雇用問題とは】現状・原因・実践されている政策をわかりやすく解説」（投稿日：2020.5.22）https://liberal-arts-guide.com/non-regular-employment-issues/（アクセス日：2020.11.29）

あしたの人事 Online「非正規雇用とは？　貧困化につながりかねない実態や問題点を紹介」（投稿日：2019.11.15）https://www.ashita-team.com/jinji-online/category1/2703（アクセス日：2020.11.29）

III　企業の人材確保戦略
──昇進・昇給の明確性

橋本詩礼愛

はじめに

　人的資源とは，企業の経営活動を支えるうえで欠かせない「ヒト・モノ・カネ」の経営資源の中で，「ヒト」の部分を指す言葉である[1]。人的資源は他の経営資源を動かす原動力になることから経営においてとりわけ重視されている。いかに企業にとって優秀で魅力的な人材を雇うか，それが企業の成長と成功に大きく影響を与える。近年，日本では転職という言葉をテレビ CM などで耳にする機会が増え，一度就職した企業で定年まで働くのが良いと言われていた終身雇用の時代に比べて，転職するという概念が一般的なものになってきている。企業は激しい競争を行うようになって，優秀な人材を雇うだけでなく雇い続ける，つまり確保することが重要になった。筆者は，企業がどのような人材を求めていて，何を基準に評価するのか，また，どのような昇給制度があるのかといった昇進・昇給の視点から企業が人材を確保するための戦略を調査する。

1　中国人労働者の離職理由

　事前に中国の労働者について調べていると，中国は日本に比べて離職率が非常に高いことがわかった[2]。人材コンサルティング会社 HRoot の調査結果によると，2018年の中国人社員の平均離職率は15.9％に達し，世界的に見ても高い水準だという。では，なぜ中国人労働者はこんなにも離職をするのだろうか。

　中国人の多くは自己の成長願望が強く，早くスキルを身に付けてレベルアップしたいと考えている。そのため，中国では転職をキャリアアップの手段と考えている人が多く，転職するのが当たり前という風潮がある。図1にあるように，キャリア開発への不満が離職の一番大きな理由になっている。キャリア開発とは，過去から将来にわたる職務経験やこれに伴う能力開発を中長期的に計画する考え方のことである。企業は一定時間をかけた社員育成を計画しているが，より早く能力を上げて成果を出したいと考えている社員にとってそれは遅いと感じてしまい，このまま同じ会社で働き続けるより他の会社へ転職する方が早くレベルアップできると考え離職していく。また，キャリア開発に次いで能力開発に伴う昇給率も重要視されている。一定の能力を上げることによってどれくらいの賃金が上がるのかという労働と対価のバランスが重要で，早い段階やこまめにレベルアップはできてもそれに見合う給料が支払われない企業は信用が損なわれ離職率が上がってしまう。社員は具体的な目標や評価を求めているため，キャリア開発と昇給率どちらにおいても企業側は明確な値を提示しなければならない。つまり，中国企業の人的資源管理において"曖昧"はあってはならないのだ。

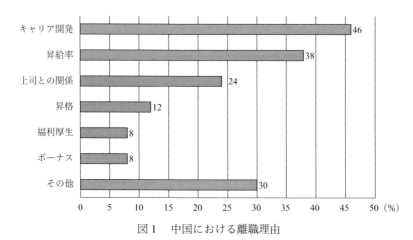

図1　中国における離職理由

出所：内村幸司「海外における評価基準と評価制度のマネジメントへの展開」『日本労働研究
雑誌』No. 617（2011.12）https://www.jil.go.jp/institute/zassi/backnumber/2011/12/pdf/056-064.pdf

　一方で，日本人労働者は長期的な安定を求めているため，生涯所得の期待値は低くても構わないから雇用の安定が欲しいと考える人が多い。今でこそ転職という考え方も一般的になってきているが，昔からの終身雇用や長期雇用という考えが根付いている。これは企業にとっても好都合で終身雇用を保証すれば生涯所得を抑えることができる。日本企業では基本的に長期雇用を前提としているため昇給や昇進は長いスパンで考えられている。社員もそれを理解していて昇給や昇進など会社の人材管理への不満を原因に離職するというケースは少ない。日本企業では安定して働くことができ簡単に解雇されることはないが，中国企業に比べると目標設定や評価は曖昧なのかもしれない。

　このように企業と労働者の人的資源管理に対する考え方は日中で差異があることが明らかになった。そこで，中国企業と日本企業を比較しながら，特に人材の入れ替わりが激しい中国企業では，社員が満足して働けるために，また，優秀な人材を確保しておくためにどのような取り組みを行っているのか，どのような評価制度を設けているのかに焦点を当て，先行研究を行った。

2　先行研究

(1)　ソフトウェア企業

　先進的なソフトウェア関連企業は，コンピュータを使ってさまざまな処理を行うため専門的な知識と技術が必要とされ，技術者の確保が業績に直結するので，他の業種に比べ人材管理が命とも言われている。社員は，学歴が高い人がほとんどで若い世代を中心に活躍している。ソフトウェア企業の一番の特徴ともいえるのが，期間限定の有期契約であるということだ。企業側が社員個人の業績を評価し，それによって給与と雇用契約を継続させるかを決定する。社員にとってこの評価はとても重要であり，どこをどのように評価されこの給与になったのかなど，詳しく提示する必要がある。そして，この評価結果は企業側だけでなく社員も納得するものでなければならない。評価に不満のある社員は転職していくため企業側には厳格な評価が求められる。つまり，評価に透明性と納得性が必須であり，これらを担保する具体的な施策を制作するのに多くの時間を投資して実行している[3]。

　具体的な評価の方法には，週次報告書，賃金連動月次評価，3カ月ごとの評価会議，管理職の目標発表会議などがあり，管理職と社員がともに目標設定と評価作業を行っている。評価基準の透明性を確保するために評価内容を数値化し，評価結果によって序列化をしている。社員は成長願望が高いので企業の期待値や求められる能力を明確に知りたいと思っている。数値化，序列化をすることで成長願望の強い社員は仕事に対する意欲が上

がり，企業は透明性が確保できるだけでなく組織の活発化も図ることができる。このような評価制度は社員を尊重し支援するという理念に基づいて作られており，評価する側の管理職と評価される側の社員が積極的にコミュニケーションをとることが重要である[4]。

(2) 大連アイリス

日系中小企業である大連アイリスは，厳格な業績評価と人事考課を行い社員の高い勤労意欲と勤続を実現している。中国人管理者の 6 割が大卒以上で半年間の日本研修や日本の管理者養成教育を受けている。社員は日本語と専門能力をもつ大学新卒を採用し社内で育成していくというのがスタンダードな形である。日本語研修は，社内研修と語学専門学校で行われ，定期テストを実施しその結果によって能力別日本語手当てを支給している。人事制度は日本と中国の良い部分を融合させ，目標設定や評価基準，給与を連動して決定している[5]。

主任以上の評価方法は，年次評価で人事委員会の面接による評価結果を序列化し，社内に公表する。社員にも役職者の評価がわかり，組織として透明性が高い。序列の下位10％は降格対象となるが，日本的な考え方により解雇はしない。一般社員の評価方法は，職種別技能評価一覧を公開し3カ月ごとに上司が評定結果を記入し公示する。技能項目の達成度は評価に反映され賃金に技能手当てが付加される。評価される項目が一覧で公開されることによって，社員は何を求められているかが明確になり，自己のレベルがわかるとともに個人の目標が立てやすくなる。向上心が強い中国人社員は一つの目標を達成してもまたすぐに次の目標を立て努力を継続して辞めることがない。次の 3 カ月までに達成することとして小さな目標を立てることで仕事への意欲が高まっている[6]。

賃金は，職位と等級によって基本給が設定され，そこに能力別日本語手当てや技能手当てなどが足される。手当てという形で自分の努力が給与に反映するので，更なる項目達成に向けて努力を続けることができる。職種別技能評価一覧は，会社として職務に必要な技能を提示し社員に共通の理解を得る役割を果たしている。会社の求める技能と

個人の保持能力と達成度が明確となり，組織の公平性と透明性が社員の動機づけを高めている[7]。

3　日本と中国の評価基準の違い

上記の 2 社の例から中国の企業は，どれだけ仕事で結果を残したかという仕事の成果を基準に社員を評価していることがわかる。その成果を正確に判断するためにこまめな目標設定や目標達成度の確認を管理職と一般社員が共同で行っている。社員一人ひとりに対して実績を見てどのような能力が足りないかを測り，それによって今後の指標を決める。目標設定と評価を繰り返し行うことで，社員は自分のレベルがわかり次の目標を明確に立てられ，それが企業としての結果につながる。そしてその評価結果に応じて給与額が決まるためこの評価方法は相互性が高く，どちらの立場からも納得が得られる仕組みになっている。

一方，日本企業は保有能力を基準に社員を評価している。個人の積極性や仕事に対する責任感など他者から見て取れるものによって判断される。「この能力を持っているならばこの仕事が任せられるだろう」といういわば推定によって評価される。この基準は企業ごとに違い，また企業の人事課の中でも人によって評価結果に違いが生じることがある。中国の成果主義に比べ日本の評価基準は極めて曖昧である。また，昇給のタイミングは企業が判断するが，一般的に昇給を検討する根拠は会社の業績，勤続年数，能力の伸長である。会社の業績や経済が良くなると個人の能力に関係なく社員全員の基本給与額を上げるベースアップを行う。企業としては負担が増えるためベースアップを実施することは大きな決断となる。また，個人の特定の勤続年数によって昇給するものを定期昇給と言い，年功序列とも言われている。長く働いていることで得た経験値に対する給与だと考えられる。他には個人の業績が特別向上した場合に臨時昇給を行う。高度経済成長期は日本経済の調子が良く，ベースアップが当たり前の時期があったが，今では毎年調整ができるボーナスや定期昇給を実施する企業が増えている。

これらを踏まえ，以下の 4 つの企業に評価の基準，評価方法，昇給制度について調査を行った。

4　調査結果

(1)　中国中軽国際控股有限公司・保利健康産業投資有限公司（保利集団傘下）

　介護業界は離職率が高く，特に若手社員の入れ替わりは激しい。介護は仕事の成果を数値などで明確に表すことができないため，勤務態度や意欲によって評価する。まず現場スタッフとして介護施設で働き，教育や研修を受けて施設長に昇格するのが一般的な昇進ルートである。優秀な人は1～2年で施設長になれるというケースもある。若手社員の多くは早く上の立場になりたいという展望を持っているため，人材育成に力を入れている。また，管理職に就きたいという意思の有無も昇格を考えるうえで大きな基準になっている。

(2)　トヨタ自動車(中国)投資有限公司

　昇給制度は大きく分けて期間考課と能力考課の2つがある。期間考課とは目標の達成度合いにより支給されるボーナスのようなものであり，能力考課は評価の結果により基本給が上がるというものである。毎年3回社員と上司が面談を行い，会社が求めるものと社員が目指すものを摺り合わせていく。1月に1年間でどのような努力をしてどのような能力を高めたいかという具体的な目標を立て，6月に評価シートをもとにどのくらい目標を達成できているかの中間点検を行い，12月に最終的な成果を見て評価を決定する。この評価結果が年末に行われる昇給に反映される。期間考課と能力考課はどちらも毎年必ず行われる仕事の成果に基づく査定である。その他に，経済状況や市場での会社の業績によって普遍的な一般昇給が行われる年もある。

　評価の方法は，まず室長が室員に対して面談を行い，10～20人の室の中で相対評価をする。次に，部長が室長を集めて会議を行い，部の中で相対評価をする。課長以下の社員の評価はここで決まり，室長以上の社員の評価はその上に設置されている管理委員会で話し合い決定する。評価はすべて相対評価であり，各階層ごとにS～Cで判定される。この結果が昇給や昇格の判断基準に直結している。

(3)　外語教学与研究出版社

　外研社は，仕事の成果よりも人徳や価値観を重視し評価基準として定めている。社員の人柄の良さや会社の価値観と合っているかが最重要で，その条件をクリアしてから仕事の成果や能力を評価する。つまり，能力が高いだけでは評価はしてもらえないということだ。社員は入社してから専門職か管理職か自分の目指すルートを選択することができる。専門職には毎年評定試験があり，そこで評価が決まる。管理職は3年ごとに役職競争が行われる。

(4)　上海瑞茵健康産業有限公司開心農場

　評価の基準は仕事の成果のほかに，積極性，チームワーク，コミュニケーション能力，責任感などを総合して判断する。仕事の成果は職種によって異なるが，例えば農作業を行う人は作物の品質が成果に値する。自分一人でやるのではなく，他人を巻き込む力が必要とされ，自分のポスト以外の仕事もやる人が評価される傾向にある。

まとめ

　先行研究で明らかになったように，仕事の成果を評価の基準としている企業がほとんどであったが，人徳や価値観などを評価の基準とし社風を大事にしている企業もあることがわかった。すべての企業に共通していることは，社員がどのような仕事をしたいか，どのような立場になりたいかを自分で選択できるということだ。この制度は社員と企業双方に良い影響を与える。希望の仕事ができることで社員にとっては働きやすい環境になり，企業にとっては人材の流失を防ぐ手段の一つとなるのだ。

注
1）ウィキペディア「経営の三要素」 https://ja.m.wikipedia.org/wiki/%E7%B5%8C%E5%96%B6%E3%81%AE%E4%B8%89%E8%A6%81%E7%B4%A0（アクセス日：2020.9.15）
2）内村幸司「海外における評価基準と評価制度のマネジメントの展開—中国における事例を中心に—」『日本労働研究雑誌』No. 617, 12月号, 労働政策研究・研修機構, 2011, p. 59
3）人事戦略研究所「IT企業（ソフトウェア開発・情報処理・インターネット関連）向け人事制度支援」

https://jinji.jp/hrconsulting/it.php（アクセス日：2020.9.15）
4）小森茂「日系中小企業の中国における人財戦略」『国際ビジネス研究学会年報』2006, p. 258
5）柳井雅也「中国大連市における日系企業の事業活動について」 https://core.ac.uk/download/pdf/230962095.pdf（アクセス日：2020.9.15）
6）注4）に同じ。
7）同上。

参考文献
内村幸司「海外における評価基準と評価制度のマネジメントの展開―中国における事例を中心に―」『日本労働研究雑誌』No. 617, 12月号, 労働政策研究・研修機構, 2011
小森茂「日系中小企業の中国における人財戦略」『国際ビジネス研究学会年報』2006
田中信彦「中国で長期雇用は実現できるか―成長志向に応える仕組みとは―」『Works Review』Vol. 4, 2009

IV　福利厚生の課題と役割

白木梨乃

はじめに

　筆者は現在大学3年生で就活の準備をしており, 色々な企業を見るたびすべての企業に福利厚生があり, 項目はほぼ同じという印象を持った。そこで日本と中国の福利厚生の傾向は同じなのか, 違うのかということに興味を持ち, 日中で比較してみたいと考えた。

　本稿では日中の福利厚生制度の異同を比較した上で, 中国企業における福利厚生の課題と, 福利厚生が果たす役割を明らかにしたい。

1　福利厚生とは

　福利厚生とは, 会社で働く従業員およびその家族が安定した生活を送ることなどを目的として, 企業が従業員に対して通常の賃金・給与にプラスして支給する非金銭報酬である。また, 従業員を雇用する企業としても福利厚生を提供することでモチベーションアップや能力の向上, 離職率の低下などを目的に設けられている。福利厚生には, 「法定福利」と「法定外福利」の二つが存在する。法定福利とは, 法律によって義務付けられているものであり, つまり社員を雇用する会社は必ずこ

の法定福利を社員に対して提供する義務があると同時に, 社員は会社から法定福利を受ける権利がある。法定外福利とは, 義務ではなく, 企業が任意で提供するもののことである。日本の法定福利は, 健康保険, 介護保険, 厚生年金保険, 雇用保険（失業保険）, 労災保険, こども・子育て拠出金（児童手当拠出金）の6種類である。そして中国の法定福利は, 養老保険, 医療保険, 労働災害保険, 失業保険, 生育保険, 住宅積立金の6種類である[1]。

2　日中の福利厚生の比較

　日本では6種類の法定福利と, 主に10種類の法定外福利が用いられており, 中国では6種類の法定福利と, 主に11種類の法定外福利が用いられている。日系企業が中国に進出したとき, 中国でどのような福利厚生を用いたら成功に近づくのかを知るために, 企業が任意で提供する法定外福利に注目し考察をしていく。

　まず日本の法定外福利は, 勤労・住宅費用補助, 健康・医療費用補助, 育児・介護支援費用補助, 体育・レクリエーション関連, 慶弔・災害時費用補助, 財産形成関連, 職場環境関連, 業務費用補助, 自己啓発費用補助, 休暇関連の10種類である。マンパワーグループが2015年に18〜60歳の男女972人を対象に行った調査によると, 自分が働く企業にあったらいいなと思う（希望）福利厚生は「住宅手当・家賃補助」が48.3％でトップ, 次点は「食堂, 昼食補助」の33.9％だった。さらに, 実際に制度を利用して, あって良かったと思う（実感）福利厚生は「食堂, 昼食補助」がトップ（17.1％）。次点は「住宅手当・家賃補助」（16.7％）という結果だった。企業の福利厚生によって生活から切り離せない出費（食費や家賃）を抑えられること, つまり従業員の経済的支援としての福利厚生は, 従業員にとっては大きなメリットとなる[2]。つまり日本ではこの10種類の法定外福利の中でも影響力が大きいのは, 勤労・住宅費用補助, 健康・医療費補助, 体育・レクリエーション関連とわかる。

　次に中国の法定外福利は, 交通費補助, 通信費補助, 食費補助, 冷暖房費補助, 文化・スポーツ

設備の設置，食事提供，単身寮の設置，健康診断，保護型サービス，医療費用補助，相談サービスの11種類がある。中国の場合，具体的に，金銭性福利厚生（金銭的な提供），実物性福利厚生（施設・物質の提供），服務性福利厚生（サービス提供）に大別して行っている企業が多い。企業の施策で実施率が高いのは，「交通費補助（81.3%）」，「通信費補助（77.2%）」，「食費補助（57.3%）」，「文化・スポーツ施設の設置（50.2%）」，「（無料）食事提供（49.8%）」，「冷暖房費補助（46.4%）」，「（無料）単身寮の設置（38.6%）」である。中国ではこの11種類の法定外福利の中でも影響力が大きいのは，交通費補助，通信費補助，食費補助，冷暖房費補助とわかる。また，これら以外にも，障害保険，自動車購入補助，健康診断，医療補助，住宅補助，服装補助，年金補助，生命保険補助等の施策がある[3]。

　ここまでで中国と日本の各国で影響力が大きい法定外福利を見ると，両国とも費用補助の影響力が大きいことがわかった。しかし細かく見ていると，日本で影響力が大きい法定外福利は，住宅費用や医療費など長い目で今後の生活を考えた費用補助であり，中国で影響力が大きい法定外福利は，交通費や冷暖房費などの日常生活で役に立つ費用補助である，という小さな違いが見えてくる。つまり日本人にとってあったらうれしい法定外福利は，今後を長い目で見たときに必要となる費用補助サービス，中国人にとってあったらうれしい法定外福利は，今現在の生活に必要な費用補助サービスであるということがわかった。よって，中国企業において福利厚生が果たす役割は，今現在の生活に必要な日常的費用補助であると考える。

3　調査結果

(1)　企業座談会での調査

　4 社の中国企業を対象とし，中国企業は実際どのような福利厚生を行っているのかを質問した。

① 中国中軽国際控股有限公司・保利健康産業投資有限公司（保利集団傘下）

　養老保険，失業保険，医療保険，労災保険，生育保険，住宅積立金などの法定福利に加え，子どもに関わる費用・プレゼント，出産後 6 カ月の有給休暇，安全保証の法定外福利を適用している。また，優秀社員に対しては技術トレーニング研修の機会を与えている。

② トヨタ自動車(中国)投資有限公司

　法定福利に加え，企業補充医療保険，食費補助，交通費補助，会社貢献手当，誕生日ギフト券，車の社員割引の法定外福利を適用している。

③ 外語教学与研究出版社

　法定福利に加え，企業補充医療保険，傷害保険，大病医療保険，住宅手当，健康診断，イベント開催，子どものための医療保険，ボーナス，誕生日カードなどの法定外福利を適用している。

④ 上海瑞茵健康産業有限公司開心農場

　法定福利に加え，交通費補助，出産に対応する給料制度，親への誕生日祝いなどの法定外福利を適用している。

(2)　中国人大学生への質問

　北京外国語大学の 4 名の学生を対象とし，就職先を考える上で福利厚生を重視するのか，という質問をした。

　4 名中全員が「福利厚生を重視する」という回答であった。重視する福利厚生は，「都市で就職する場合，戸籍登録の福利厚生，ボーナスの形式と金額」，「保険と住宅積立金，その他の費用補助」，「住宅関連や戸籍関連」ということであった。

まとめ

　中国企業には法定福利に加え，日常生活での費用補助が多く適用されていることが明らかになった。また，特徴として，4 社の中国企業すべての法定外福利に出産や子ども関連，誕生日祝いのうちどれかの福利厚生があり，日本よりも出産や記念日に対してポジティブな印象を受けた。しかし，現役大学生への調査結果からは，日常生活での費用補助ではなく，戸籍登録や住宅費用補助などの長い目での費用補助を重視する人が多いということがわかった。中国企業がより社員の希望に添い，よりよい環境を作るためには，法定外福利として，長い目での費用補助をもっと取り入れることが課題として残されている。また，福利厚生制度は良い労働環境を作る役割を果たしている。

注

1）社会人の教科書社会人のためのビジネス情報マガジン「福利厚生とは？　全16種類の福利厚生」 https://business-textbooks.com/type-of-welfare/（最終アクセス日：2020.9.29）
2）RELO 総務人事タイムズ「福利厚生で人気の種類一覧。福利厚生とは？　の疑問にすべて答えます」 https://www.reloclub.jp/relotimes/article/11482（最終アクセス日：2020.9.29）
3）松田陽一，干楠「中国における企業の福利厚生制度に関する研究」『岡山大学経済学会雑誌』41(4)，2011，p. 252　http://ousar.lib.okayama-u.ac.jp/files/public/2/20115/20160528014548540163/41_4_017_045.pdf（最終アクセス日：2020.9.29）

参考文献

社会人の教科書社会人のためのビジネス情報マガジン「福利厚生とは？　全16種類の福利厚生」 https://business-textbooks.com/type-of-welfare/（最終アクセス日：2020.9.29）
RELO 総務人事タイムズ「福利厚生で人気の種類一覧。福利厚生とは？　の疑問にすべて答えます」 https://www.reloclub.jp/relotimes/article/11482（最終アクセス日：2020.9.29）
松田陽一，干楠「中国における企業の福利厚生制度に関する研究」『岡山大学経済学会雑誌』41(4)，2011　http://ousar.lib.okayama-u.ac.jp/files/public/2/20115/20160528014548540163/41_4_017_045.pdf（最終アクセス日：2020.9.29）

Ⅴ　人材育成

三谷莉菜

はじめに

　現代社会は常に変化し，その変化に対応したさまざまな改革を進めていくことが常に求められている。それとともに目まぐるしく変化していく社会に適応していくことのできる人材の確保，育成も企業にとっては大きなタスクとなった。また近年の多国籍企業，グローバル化の推進，IT 技術の発展などに伴い，企業が必要とする人材にも変化が訪れている。人材管理を適切に行い，個々の能力を最大限引き出すことで企業にとって有益となる人材を育成することが可能になる。今や人材育成制度は企業の経営戦略の一つだといえるのだ。そして学生である筆者らが日本の経営システムについて理解を深めることは非常に重要である。また日本を知ったうえで，ビジネスという側面から海外とのかかわり方について一人一人が考え，自身の意見を持つことは日本の未来にとっても有意義なものとなるだろう。本稿では現代社会においてどのような人材が必要とされるのか，また社会に合わせて今後どのように変化していかなければならないのかを明らかにしたい。

1　先行研究

(1)　人材育成の基本方式

　人材育成には主に OJT（On the Job Training），OFF-JT（Off the Job Training），SD（Self Development）の 3 つの方式がある[1]。

　OJT とは各職場での実務経験を通して，業務遂行に必要な知識や能力，技術などを身につける方法である。実際の業務を行うことで，より即戦力のある人材を生み出すことができ，多くの企業の主要な育成方法となっている。またコストがかかりにくく，社内のコミュニケーションの活性化などのメリットがあげられる。職場によってその内容は大きく異なるため，個人の能力に合わせた指導を行うことが可能である[2]。

　一方 OFF-JT とは職場を離れた場で行われる人材育成方法である。具体的には座学講習や通信教育，集合研修などがあげられ，標準的な基礎知識やスキルを習得することが可能である。専門分野の人材によって指導を受けられるためより明確で，また一度に多くの対象者を教育できるため，効率的に人材育成を行うことができる。多くの企業は新入社員に対して行っており，仕事全般の基礎となる知識を指導する際によく用いられる。

　SD とはいわゆる自己啓発のことで，企業が用意した枠組みにとらわれず，社員が自ら技術の習得やスキルの向上を図ることである。社内外のセミナーの受講，業務に関する資格の取得などが主な例としてあげられる。企業では個々の自己啓発を支援するために金銭的な援助を行っているところも多くある。

　上記の 3 つの方法をうまく組み合わせ，効率よく活用していくことが企業の人材育成において非常に重要であるといえる。

(2)　日本の人材育成

　日本の人材育成の現状としてまず挙げられるのは，OJT による人材育成を非常に重視している，ということである。厚生労働省が毎年実施している能力開発基本調査では図1のような統計が出ている[3]。

　このように「OJT を重視する」または「OJT を重視するに近い」と回答している企業は全体の7割以上にも及んでおり，多くの企業が OFF-JT よりも OJT を重視しているということがわかる。その結果として，主要先進国の中で OFF-JT に投資する金額を比較すると，日本は昔から最低レベルとなっている。しかし OJT による人材育成といってもその内容はさまざまである。日本の教育の特徴として，「仕事は見て覚える」という考え方があるように，仕事を見せるだけでそれを「教育」としてしまうこともできるのだ。それでは人材育成に時間がかかり，また上司の人柄によって大きく左右されてしまう恐れがある[4]。そこで導

入されたのが「計画的な OJT」である。「計画的な OJT」とは日常の業務を遂行しながら行う指導について，その教育担当者，対象者，期間，内容などを具体的に示して計画書などを作成し，段階的・継続的に教育訓練を実施することである。人による指導方法のバラつきを減らし，より平等で効率的な指導を実現させるための方法である。2016年度の「計画的な OJT」の実施状況は図2のようになっている。

　「計画的な OJT」の実施は年々増加傾向にある，しかし図2からも読み取れるように，その実施率は7割を下回っている。企業の大小や職種によってもその実施率に差が出やすく，また指導よりも実務を優先するという考えもあり，浸透にはまだ課題がある。

　また日本特有の労働制度が人材育成の仕組みにも影響している。現在日本の多くの企業が終身雇用の年功序列制を採用しているため，社員自身が仕事に対して熱心に研究しスキルの向上を目指す

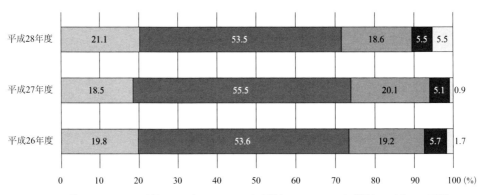

図1　OJT か OFF-JT か

出所：厚生労働省　「能力開発基本調査」2016年度　https://www.mhlw.go.jp/content/11801500/000496285.pdf より筆者作成。

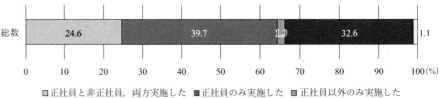

図2　計画的な OJT の実施状況

出所：厚生労働省　「能力開発基本調査」2016度　https://www.mhlw.go.jp/content/11801500/000496285.pdf より筆者作成。

自己啓発が少なく，また国が自己啓発に対して行う支援も先進国の中では低くなっている。これは技術を身につけスキルを向上させても直接給料や昇給に繋がりにくい仕組みが影響していると考えられる。現在日本では昇給や技術向上に関して国が企業に対してさまざまな支援を行っており，「キャリアアップ助成金」，「人材開発支援金」もその一つである。社員のキャリアアップや技術向上に伴ってかかる費用を国が一部援助するという仕組みである。しかしその利用率は2017年度の調査で，「キャリアアップ助成金」が5.1％，「人材開発支援助成金」が10.7％とかなり低くなっている[5]。またそもそもこの2種類の助成金について「知らない」と回答している企業が半数近くを占めているため，まず企業にこれらの助成金の仕組みを知ってもらうことが重要である。

そして近年問題になっている非正規雇用者の増加も人材育成に影響を及ぼしている。それは雇用が安定していない人材に対しての指導育成に費用を費やすことに抵抗があるからだと考えられる。厚生労働省が行った調査によると，正社員に対してOFF-JTを実施していると回答した企業は全体の7割以上であるのに対し，正社員以外の非正規雇用労働者に対する実施状況は4割を下回っており，正規雇用者の半数程度にとどまっている[6]。これは古くから根付いている日本の正社員至上主義が関係していると考えられる。このように日本独自の企業経営システムによって人材育成にも独自の特徴がある。

(3)　中国の人材育成

中国では就職先の企業を選択する際に，人材育成制度の充実を大変重視するという特徴がある[7]。日本人が企業に将来性，安定性を求めているのに対し，中国では自身のキャリアアップや適切な役職の付与などを求めていることが多く，そのため企業もそれに合わせた人材育成の制度を設けることが必要となる。例えば，日本では研修や座学の講習を"学びの場"としてとらえ，仕事の基礎や知識を得るためのものだと考えていることが一般的である。一方中国では研修を受けることによって知識を得るだけではなく，自身のスキルの向上に伴った適切な待遇の変化を求めることが

ある。スキルの向上を形式的に確認する手段として試験を用いる企業も少なくない[8]。そのように試験を設けること，適切な待遇変化を与えることによってより研修の質を向上させることが可能になっている。

また中国人は「転職」に対して前向きな考えを持っていることが多い。自身の成長や技能の向上を進めるためにキャリアアップとしての転職を行う。つまり自分の能力を高めることができる職場に魅力を感じるということである。そのためにも企業は人材の育成に力を入れる必要がある。

2　調査結果

人材育成の分野では主にどのような育成方法を用いているのか，その具体的な内容，また正規雇用者以外に対しての人材育成の有無について調査を行った。

(1)　中国中軽国際控股有限公司・保利健康産業投資有限公司（保利集団傘下）

保利公司は設立当初から若者の人材育成をメインとした事業を行っており，多くの技能実習生を日本へ送っている。近年力を入れている介護産業においても日本への研修を若手育成の手段として取り入れている。具体的な流れとしては，①事前に中国国内で日本語の教育を行う，②実際に日本の介護施設などで働く，③–1 日本で介護資格を取りそのまま働く，③–2 中国に帰国し幹部候補として保利で働く，である。期間は3年から5年で，介護の基礎知識や介護産業の進んでいる日本の介護システムについて学ぶ。この研修の参加対象は正社員，非正社員にかかわらず，上昇志向のある人であれば誰でも可能となっている。

また保利では大学や専門学校と協力をして，看護学生・介護学生に対しても積極的に研修を行っている。日本語の教育から日本での研修まで幅広くサポートを行い，若いうちから実践的な能力を身につけることでより即戦力となる人材を育成している。また実際に日本研修を行った社員の成功している姿を見せることで，他の社員のモチベーションにつなげるなど，良い人材を長く残すための人材育成を行っている。

(2)　トヨタ自動車(中国)投資有限公司

　トヨタ自動車では OJT，OFF-JT のほかに ICT という教育方法を行っている。中国人社員を日本に送りトヨタの自動車技術や最新システムから経営など幅広い分野で研修を行う。期間は1年から2年で，参加対象となるのは推薦などで選ばれた優秀な人材のみとなっている。この研修を終えた社員は幹部候補となり，昇進・昇級に有利となる。

　またトヨタ自動車では技術やシステムなどの業務にかかわる内容の他に，トヨタ自動車の会社に関する歴史教育も行っている。中国進出に至った経緯やそれに携わった人物，今日に至るまでの流れなどを伝承し，それに関連した建物を博物館として保存している。若手社員への歴史教育は中国トヨタの今後の課題の一つとしても挙げられていた。

(3)　外語教学与研究出版社

　外研社ではオンラインとオフラインを用いてOJT と OFF-JT の2種による育成を行っている。ベテランの社員による内部での研修と外部から専門家を招いて行う研修があり，社員の進路に合わせて研修内容も異なっている。語学の分野では特に専門的な知識が必要となるため，新入社員に対しては1年間の研修期間を設けている。その内容は語学的な専門知識にとどまらず，チームワークやリーダーシップ，マーケティングなどの仕事における基本知識も組み込まれている。また幹部候補の社員に対しては管理幹部研修や指導力研修を行うなど，それぞれの職階によって異なる研修を用意している。個人に合わせて研修を行うことで新人社員からベテラン社員まで全員の能力向上をはかっている。

(4)　上海瑞茵健康産業有限公司開心農場

　上海瑞茵健康公司では多くの事業を展開しており，幅広い分野でさまざまな人材が必要となる。有機野菜の栽培など自然環境と向き合う仕事から，観光客に対しておもてなしや案内を行うなどの人と向き合う仕事まで，事業によってその業務内容も必要な知識も大きく異なっている。そのため，それぞれの業務に合わせた専門性の高い知識が必要となる。例えば観光客に対してガイドを行う場合，その土地や建物の情報だけでなく，歴史や目的までさまざまな知識を持たなければならない。専門性の高い教育で人材を育成することで社員たちの自主性や責任感，やりがいなども高めることができる。また非正規雇用者に対しても同様の研修を行い，大学と協力して学生に対しても実習を行うなど積極的に人材の育成に取り組んでいる。

まとめ

　今回の調査を通して，中国企業の人材育成についていくつかの特徴が挙げられる。

　まず，中国の企業で行われている研修は昇進昇級に直結する，または有利にはたらく場合が多い。保利健投やトヨタ(中国)では日本での研修を終えた社員は幹部候補となりキャリアアップの対象となる。研修後にキャリアアップなどの待遇の変化を行うことで，社員の研修への意欲を高め，より質の高い研修を行うことが可能になる。

　また中国企業の非正規雇用の社員の数は非常に少なく，今回調査を行った4企業のうち2企業は非正規雇用の社員はいないと回答していた。残りの2社に関しても非正規雇用の社員に対して正社員と同じ内容の研修を行っているなど，その待遇に大きな差はなかった。さらに海外研修も意欲があれば非正規雇用の社員でも参加できるというシステムを採用している企業もあり，雇用形態に関係なくすべての社員に対して技術向上の機会が用意されている。

　そして中国企業の大きな特徴は，大学・専門学校と協力し学生に対しても積極的に実習を行っていることである。看護や介護などの専門的な職業だけでなく，多くの企業が学生を招いて実習を実施している。これは学生にとっても大変貴重な社会体験になるだけでなく，企業も早い段階で自社に合った優秀な人材を発見，育成することができる機会である。学生のうちから育成を行うことによって即戦力となる人材を得ることが可能になるのである。

　このように中国の企業では，正規雇用，非正規雇用，学生などの枠組みにとらわれず，「優秀な人材」「企業にとって有益となる人材」を確保するためにさまざまな取り組みを行っている。適切

な人材育成は人の成長，企業の発展には欠かせない重要な任務である。

注

1）富士通ラーニングメディア「これからの人材育成とは？　自ら動ける社員を育てる方法」https://www.knowledgewing.com/kcc/talent-management/blog/2019/01/15/hrd.html（アクセス日：2020.9.22）

2）人を躍動させ組織を変革する新リーダーシップ論「日本企業における人材育成の危機」https://leadershipinsight.jp/2005/07/post_5830.html（アクセス日：2020.9.22）

3）厚生労働省　令和元年度「能力開発基本調査」調査結果の概要　https://www.mhlw.go.jp/toukei/list/dl/104-01b.pdf

4）戸田淳仁「企業内部の能力形成とその効果―OJTとOFF-JTの相乗効果に関する分析―」『経済分析』第199号，2019　http://www.esri.go.jp/jp/archive/bun/bun199/bun199d.pdf

5）厚生労働省　平成30年度「能力開発基本調査」https://www.mhlw.go.jp/content/11801500/000496285.pdf

6）同注3）。

7）田園「在中日系企業の人材育成に関する研究」（桜美林大学大学院2009年度博士学位論文）https://www.obirin.ac.jp/academics/postgraduate/international_studies/course_humanities/papers_doctoral/r11i8i000001cjec-att/BC-2-1-5-2-2_02.pdf

8）同注4）。

参考文献

日本経済団体連合会「日本企業の中国におけるホワイトカラー人材戦略―優秀人材の確保と定着こそが成功の鍵―」(2006)　https://www.keidanren.or.jp/japanese/policy/2006/030/index.html（アクセス日：2020.9.22）

小山博之『21世紀に向けた日本企業の変革と課題―コーポレートガバナンスとポスト日本的経営をめぐって―』https://core.ac.uk/reader/230326260（アクセス日：2020.9.22）

田中信彦「中国で長期雇用は実現できるか―成長志向に応える仕組みとは―」https://www.google.co.jp/search?q=%E4%B8%AD%E5%9B%BD%E3%81%A7%E9%95%B7%E6%9C%9F%E9%9B%87%E7%94%A8%E3%81%AF&ie=UTF-8&oe=UTF-8&hl=ja-jp&client=safari（アクセス日：2020.9.24）

村上正昭「計画的OJTの効果に関する研究」(2016)　file:///C:/Users/rina1/Downloads/DA07626%20(1).pdf（アクセス日：2020.9.25）

ヒューマンキャピタルOnline　https://project.nikkeibp.co.jp/atclhco/061600023/013000033/（アクセス日：2020.9.25）

トヨタ企業サイト　トヨタ75年史　https://www.toyota.co.jp/jpn/company/history/75years/data/company_information/personnel/personnel-related_development/explanation.html（アクセス日：2020.9.26）

厚生労働省　平成28年度　職業能力開発関係資料集　https://www.mhlw.go.jp/file/05-Shingikai-12602000-Seisakutoukatsukan-Sanjikanshitsu_Roudouseisakutantou/0000118214.pdf（アクセス日：2020.9.24）

行動日誌

10月29日㈭

　午前中は北京外国語大学の学生との顔合わせを行い，その後講義では，国や地域研究の視点と研究方法，中国の経済発展と日中経済協力についての講義を受けました。午後の討論では，愛知大学，北京外国語大学双方の学生とグループディスカッションを行い，与えられたテーマに対してそれぞれの学生が自主的に考え意見を述べることができ，とても有意義な時間となりました。

（村瀬）

10月31日㈯

　午前中には講義を聴き，午後は北京外国語大学の学生と一緒にミーティングをしました。ミーティングの内容は，企業の方に聞く質問の最終確認と，中国経済についての議論，米中貿易摩擦についての議論，中国や日本研究の問題点についての議論です。一人一人発言をし，意見を交換できました。（白木）

11月2日㈪

　今日から2日間に亘って，北京市内の企業との座談会が行われます。午前中に保利，午後にトヨタとの座談会が催されました。国を跨いでのオンライン会議のため，途中，電波障害などのトラブルもありましたが，お互いの臨機応変な対応により，最後までやり通すことができ

ました。本来ならば現地で行われたと思うと悔やまれますが，オンラインでも良い結果が残せるように頑張ります！（梅村）

11月3日㈫

　今日は座談会の2日目で外研社と上海瑞茵健康産業に調査を行いました。初めてzoomの翻訳機能を使っての調査だったため，不慣れなことも多かったが無事終えることができました。企業に対して中国語で質問をする時に上手く聞き取ってもらえないことがあり悔しかったです。明日からは報告会へ向けて最終段階に入るので気を引き締めていきたいと思います。（三谷）

11月12日㈭

　今日は報告会リハーサルでした。北京外国語大学の学生の協力もあって，完成度の高い発表原稿とPPTを制作することができました。明後日の発表会本番に向け修正と練習を重ね，これまでの成果をしっかり悔いなく報告できるように頑張りたいと思います。（村瀬）

11月14日㈯

　今日は報告会本番でした。企業への調査からわずかな日数しかありませんでしたが，グループ内で調査結果を共有してPPTを作ったり，発音を北京外国語大学のパートナーと一緒に何度も練習したりと，この日のために一生懸命準備をしてきました。皆の努力が実り報告会を無事成功させることができました。達成感がとても大きく，よい経験ができました。（橋本）

第2章

女性就業の現状

【女性の働き方チーム】

I　男女平等を測るデータ比較と北欧の制度

野村佳那

はじめに

　日本と中国の女性の働き方の傾向と課題を知るためにはまず，国際的に女性の社会進出がどのようになっているのか知るべきである。そこで，男女平等を測る2つの指標を分析し，ランキングの上位に入る国々は，どのような制度を導入しているのかをまとめる。そして，どのような要因が日本と中国の女性の社会進出を妨げているのかを考える。

1　男女平等を測るデータの国際比較

　世界経済フォーラム（World Economic Forum）が2019年12月，「Global Gender Gap Report 2020」を公表し，その中で，各国における男女格差を測るジェンダー・ギャップ指数（Gender Gap Index: GGI）を発表した。この指数は153カ国を，①経済②政治③教育④健康の4つの項目を総合的に評価した指数であり，0が完全不平等，1が完全平等を示している[1]。

　表1は，GGI（2020）上位5カ国と，日本，中国，韓国の順位をまとめたものである。表2は，GGI（2020）の4つの評価項目を，1位であったアイスランドと，日本，中国，韓国を比較したものである。

　英国エコノミスト誌（*The Economist*）が2019年3月8日，国際女性デーのタイミングで毎年発表する，ガラスの天井指数（Glass Ceiling Index: GCI）を発表した。GCIとは，OECD加盟国である先進29カ国を，①高等教育②労働参加率③男女の賃金格差④女性管理職⑤女性役員⑥女性のGMAT受験者数⑦女性国会議員⑧育児費用⑨女性の育児休暇⑩男性の育児休暇という10個の項目を総合的に評価した指数である。いわば，女性が男性と比べて職場においてどれだけ平等に扱われているのかを表したランキングと言えるだろう[2]。

　表3はGCI（2020）上位5カ国と，日本，韓国の順位をまとめたものである。表4はGCI（2020）で1位であったアイスランドと日本の，10の評価項目の順位をまとめたものである。

　どちらのランキングも北欧諸国が上位を占めており，男女が比較的平等に扱われ，女性が働きやすい環境であるということがわかる。GCIのランキングで筆者が最も注目した点は，日本の男性は，実は世界で一番長く育児休暇が取得できるということだ。しかし，厚生労働省が2019年に発表した「平成30年度雇用均等基本調査（速報版）」によると，男性の育児休暇取得者の割合は6.16％とかなり低水準である。しかし，厚生労働省では，2010年より男性の育児休業取得率を2020年度には13％に上げることを目標に掲げているのだ。

表1　GGI（2020）上位国及び，日本，中国，韓国の順位

順位	国名	スコア
1位	アイスランド	0.877
2位	ノルウェー	0.842
3位	フィンランド	0.832
4位	スウェーデン	0.820
5位	ニカラグア	0.804
106位	中国	0.676
108位	韓国	0.672
121位	日本	0.652

出所："Global Gender Gap Report 2020" http://www3.weforum.org/docs/WEF_GGGR_2020.pdf より筆者作成。

表2　アイスランド，日本，中国，韓国の各分野における順位とスコア

国名	①経済	②政治	③教育	④健康
アイスランド	0.839　（1位）	0.701　（1位）	0.999　（36位）	0.968（123位）
日本	0.598（115位）	0.049（144位）	0.983　（91位）	0.979　（40位）
中国	0.651　（91位）	0.154　（95位）	0.973（100位）	0.926（153位）
韓国	0.555（127位）	0.179　（79位）	0.973（101位）	0.980　（1位）

出所："Global Gender Gap Report 2020" http://www3.weforum.org/docs/WEF_GGGR_2020.pdf より筆者作成。

表 3　GCI（2020）上位国及び，日本，韓国の順位

順位	国名
1 位	アイスランド
2 位	スウェーデン
3 位	フィンランド
4 位	ノルウェー
5 位	フランス
28 位	日本
29 位	韓国（最下位）

出所：*The Economist* "The glass-ceiling index" 2019
https://infographics.economist.com/2020/glass-ceiling/ より筆者作成。

表 4　アイスランドと日本の各分野の順位

	アイスランド	日本
高等教育	1 位 女性の成績は男性より 17.6% 優れている。	23 位 女性の成績は男性よりも 1.8% 優れている。
労働参加率	4 位 女性の就労参加率が男性よりも 5.4% 低い。	25 位 女性の就労参加率が男性よりも 14.8% 低い。
男女の賃金格差	13 位 女性の賃金が男性よりも 11.5% 低い。	28 位 女性の賃金が男性よりも 24.5% 低い。
女性管理職	2 位 全管理職中 41.5% が女性である。	27 位 全管理職中 14.9% が女性である。
女性役員	1 位 全役員中 45.9% が女性である。	28 位 全役員中 8.4% が女性である。
女性の GMAT 受験者数	2 位 50% の GMAT 受験者が女性である。	29 位 最下位。24.8% の GMAT 受験者が女性である。
女性国会議員	12 位 すべての国会議員のうち 38.1% が女性である。	29 位 最下位。すべての国会議員のうち 10.1% が女性である。
育児費用	5 位 総育児費用は平均賃金の 5.1% を占める。	25 位 総育児費用は平均賃金の 35% を占める。
女性の育児休暇	18 位 女性の有給育児休暇は 17.7 週取得できる。	9 位 女性の有給育児休暇は 35.8 週取得できる。
男性の育児休暇	6 位 男性の有給育児休暇は 8.9 週取得できる。	1 位 男性の有給育児休暇は 30.4 週取得できる。

資料：*The Economist* "The glass-ceiling index" 2019　https://infographics.economist.com/2020/glass-ceiling/ より筆者作成

一方で GGI，GCI どちらのランキングも 1 位となったアイスランドの男性の育児休暇取得率は 2017 年の調査で実に 74％ と日本とは大きな違いがある。この日本とアイスランドの結果にはどのような違いがあるのか，北欧諸国の育児休暇制度を具体的に述べるとともに，日本には男女雇用機会均等法という法律が存在し，職場において性別を理由にした差別が禁止されている。にもかかわらず，特に女性管理職，女性役員，女性国会議員の割合は世界的に見ても少なく，未だに経済や政治の場において，女性が社会的に活躍できていないのが現実である。これは中国，韓国を含めた東アジア全体を通してでも同様なことが言える。では，なぜ北欧諸国は女性管理職，女性役員，女性

国会議員の割合が高いのだろうか。また，どのような女性の働き方があり，北欧諸国の女性たちはどのように仕事と子育てを両立させているのか，具体的な取り組みを述べる。

2　北欧諸国のクオータ制

　クオータ制とは，政治において議員候補者の一定数を女性と定める制度のことである。議員や会社役員に一定数の女性を確保する際に，あらかじめ割り当てを行うノルウェー発祥の制度である[3]。北欧5カ国の女性国会議員の割合を見ると，スウェーデン47.0％，フィンランド46.0％，アイスランド38.1％，ノルウェー41.4％，デンマーク39.7％である（日本9.9％，中国24.9％，韓国19.0％）[4]。北欧諸国のクオータ制は，政党の場合，ノルウェー同様，党の自主性に任せている。スウェーデン社会民主党は，「ジッパーシステム」と呼ぶ男女交互名簿を採用し，デンマーク社会人民党はクオータ制を1977年に導入した。アイスランド社会民主連合は40％クオータ制を持つ。面白いのはフィンランドだ。クオータ制を持つ政党はひとつもないものの，ノルウェーの法律にならって，1995年，男女平等法を改正して公的機関への40％クオータ制を決めた。このように，北欧諸国は男女平等に関して横並びだ。背景には1952年に設立された北欧理事会がある。この国際機関は，閣僚レベルで協議会を開き，政策のすりあわせをする。その主要政策のひとつに「男女平等推進」がある。「男女平等とは，権力と全体への影響力の男女均等配分を意味する」と明快にうたう。推進拠点は「北欧ジェンダー研究所（NIKK）」だ。北欧諸国は，国境を越えた政策協定で，女性の地位向上に力を注いでいる[5]。

3　北欧諸国の育児休暇制度・女性の働き方

　スウェーデンでは，父親と母親が合計で480日の育児休暇を取得することができる。このうち相手に譲ることのできない日数が90日ある。また，480日のうち390日は給与の80％が保証され，残りの90日は定額給付される。その他にも，育児休暇の分割取得や，子どもが病気になったときに会社を休むことができる看護休暇（VAB），第1

子出産後30カ月以内に第2子を出産した場合に，第2子の育児休業中の給付金が第1子の際と同額になるスピード・プレミアム制度，子どもが8歳になるまで労働時間を75％まで短縮できる短時間勤務制度などがある[6]。

　フィンランドでは，現在，母親が4カ月の産休が取得できる一方，父親は子どもが満2歳になるまでの2カ月の育児休暇が取得できる。それに加えて，両親で合わせて6カ月分の育児休暇取得が認められている。しかし，2019年末に34歳女性のサンナ・マリン首相が就任したフィンランド政府は2020年2月5日，育児休暇の期間を性別問わず約7カ月にする方針を発表した。妊婦は，産前にさらに1カ月，休暇を取得することができる。これまでは母親と父親で制度が分けられていたが，父親が取得できる育休が大幅に伸びることになる。この制度は早ければ2021年の秋から行われる[7]。

　アイスランドでは，母親だけが育児休暇を取得する場合は，6カ月が限度である。しかし，2人で取得する選択をした場合は，さらに父親・母親のどちらが取得してもよい3カ月が追加されるという政策を2000年から導入している。このほかに，子どもが8歳になるまでの間にいつでも取得できる4カ月の休みも保証されている。また，パートタイム労働は単に労働時間が短いだけで，フルタイム労働と同一労働・同一賃金になっている。そして，アイスランドでは女性の3割近くがパートタイムであるという。そこから日本とは「パートタイム」の位置づけが異なることがわかる。パートタイム労働であっても，会社の役員や管理職に登用されるように，キャリアと子育てを両立できる社会が確立されている[8]。

　ノルウェーでは，育児休暇後には男女関係なく同じ職場の同じポジションに復帰できるよう法律で定められている。また特筆すべきは，父親の育児休暇制度が義務付けられていることだ。夫婦合わせて最大54週取得可能だが，このうち最低12週間は父親が取得しなければいけないことになっている。育児休暇は子どもが3歳になるまでの間，好きなときに好きなように分けて取得可能なのも魅力的である。また，復職後の制度も整っており，

12歳以下の子どもを持つ労働者には年間10日間の「子ども疾病休暇」が認められている。子どもが 3 人以上いる場合には15日に拡大され，給与は100％支給される。その他にも，女性が働きやすい労働環境の整備が進んでおり，国全体でフレックス制度とリモートワークの導入が進んでおり，子育て中の女性も柔軟に働ける環境が整備されるなど，働く子育て世代をサポートする制度が法律で守られている[9]。

　デンマークでは，出産前 4 週間，出産後14週間の母親の産休・育休，2 週間の父親の育児休暇に加え，父親と母親が合計で，32週間の育児休暇の取得ができる[10]。ヨーロッパの中で女性の就業率が最も高い国として知られるデンマークでは，10歳以下の子どもを持つ母親の約 8 割がフルタイムで働いている。さらに子どもの年齢の上昇とともに母親の働く割合は，パートタイムも合わせて 9 割近くになるという[11]。

4　調査結果
——中国人女性の昇進に対する考え方

　今回筆者は中国の 4 つの企業に「女性社員の昇進の意欲はどのようですか？」という質問をした。すべての企業がこの質問に対して，「中国の女性社員は昇進に強い意欲を持っている」と回答した。保利健康産業投資有限公司や外語教学与研究出版社といった女性社員が男性社員よりも多い企業の場合，女性社員が会社を支えているという認識を社員が持っているため，自分の仕事に対して熱意を持っている人が多く，必然的に昇進への意欲が高くなるということがわかった。トヨタ自動車(中国)投資有限公司や上海瑞茵健康産業有限公司開心農場といった男性の方が多い企業では，昇進するためには男性以上の努力が必要だが，女性だから昇進が遅くなることはないという理由から自分のキャリアやボーナスのために，昇進に前向きな人が多いということがわかった。

まとめ

　北欧諸国では，ノルウェー発祥のクオータ制が，はやくから浸透していたため，男女平等の意識が他の地域に比べて高い。したがって，数多くの女性が社会で活躍している。その背景には，国をあげての手厚い育児サポート体制，女性の柔軟な働き方，男性も育児休暇を取得しやすい環境作りがされており，率先して家事・育児に参加するのが当たり前であるという制度や意識の違いが大きく影響しているということが考えられる。日本と中国は，国際的な指標からみると依然として男女不平等と言えるだろう。しかし，今回中国の企業を調査してみて，中国の働く女性は昇進に強い意欲を持っていて努力をすれば，企業側は性別関係なく評価をしているということがわかった。

注

1 ）World Economic Forum "Global Gender Gap Report 2020" 2019　http://www3.weforum.org/docs/WEF_GGGR_2020.pdf（アクセス日：2020.9.30）

2 ）*The Economist* "The glass-ceiling index" 2019　https://www.economist.com/graphic-detail/2019/03/08/the-glass-ceiling-index（アクセス日：2020.9.30）

3 ）カオナビ人事用語集「クオータ制とは？　女性の積極登用の制度解説！　逆差別，メリット・デメリット」（2016）　https://www.kaonavi.jp/dictionary/quota-system/（アクセス日：2020.9.30）

4 ）Inter-Parliamentary Union, Monthly ranking of women in national parliaments　https://data.ipu.org/women-ranking?month=8&year=2020（アクセス日：2020.9.30）

5 ）三井マリ子「クオータ制発祥の国ノルウェー」2013　https://www.jstage.jst.go.jp/article/kokusaijosei/27/1/27_69/_pdf（アクセス日：2020.9.30）

6 ）Newsweek「父親の育児休暇取得率 9 割のスウェーデンに学ぶ「イクメン」ライフスタイルとは？」（2020.3.24）https://www.newsweekjapan.jp/stories/lifestyle/2020/03/9-34.php（アクセス日：2020.9.30）

7 ）BUSINESS INSIDER「フィンランド，両親に 7 カ月の育児休暇…パートナーといることで産後の健康改善に効果」https://www.businessinsider.jp/post-207381（アクセス日：2020.9.30）

8 ）ハートネット「特集　世界でもっとも男女平等な国(1)父親の育休取得率 7 割！」（2018）　https://www.nhk.or.jp/heart-net/article/158/（アクセス日：2020.9.30）

9 ）畠山雄大「幸福度の高い北欧諸国，その背景にある教育と子育て」（2019）　https://idh-akitaminami.com/column/2019/01/post-177.html（アクセス日：2020.9.30）

10）蒔田智則「男性の育児休暇取得率70％！　デンマーク在住日本人が語る「家事育児」」（2020.11.30）　https://news.yahoo.co.jp/articles/0b5d383413a4cff73bc634ae318e9b43b0d556bf（アクセス日：2020.12.9）

11）畠山雄大「幸福度の高い北欧諸国，その背景にある教育と子育て」（2019）　https://idh-akitaminami.com/column/2019/01/post-177.html（アクセス日：2020.9.30）

参考文献

World Economic Forum "Global Gender Gap Report 2020"
（2019）http://www3.weforum.org/docs/WEF_GGGR_2020.
pdf（アクセス日：2020.9.30）

The Economist "The glass-ceiling index"（2019）https://www.
economist.com/graphic-detail/2019/03/08/the-glass-ceiling-
index（アクセス日：2020.9.30）

Inter-Parliamentary Union, Monthly ranking of women in
national parliaments　https://data.ipu.org/women-ranking?
month=8&year=2020（アクセス日：2020.9.30）

三井マリ子「クオータ制発祥の国ノルウェー」（2013）
https://www.jstage.jst.go.jp/article/kokusaijosei/27/1/27_69/_
pdf（アクセス日：2020.9.30）

Newsweek「父親の育児休暇取得率9割のスウェーデンに
学ぶ「イクメン」ライフスタイルとは？」（2020.3.24）
https://www.newsweekjapan.jp/stories/lifestyle/2020/03/9-34.
php（アクセス日：2020.9.30）

ハートネット「特集　世界でもっとも男女平等な国（1）
父親の育休取得率7割！」（2018）https://www.nhk.or.jp/
heart-net/article/158/（アクセス日：2020.9.30）

BUSINESS INSIDER「フィンランド，両親に7カ月の育児
休暇…パートナーといることで産後の健康改善に効果」
https://www.businessinsider.jp/post-207381（アクセス日：
2020.9.30）

畠山雄大「幸福度の高い北欧諸国，その背景にある教育と
子育て」（2019）https://idh-akitaminami.com/column/2019/
01/post-177.html（アクセス日：2020.9.30）

蒔田智則「男性の育児休暇取得率70％！　デンマーク在
住日本人が語る「家事育児」（2020.11.30）https://news.
yahoo.co.jp/articles/0b5d383413a4cff73bc634ae318e9b43b0d
556bf（アクセス日：2020.12.9）

II　日本の女性就業の現状

水谷日向子

はじめに

　日本の女性の働く姿を見てみると，男女の賃金
格差の問題や女性の昇進や管理職の割合の低さな
ど，改善傾向にある。しかし，依然として世界の
女性の社会進出の割合に比べると日本は遅れてい
るというのが現実だ。また，結婚や妊娠・出産を
機に仕事を辞めてしまう女性が7割ほどいると言
われており，女性が働き続けられる環境や，女性
の働き方に対する認識の見直しが課題である。一
方，中国の働く女性の現状はどのようになってい
るのだろうか。また，どのような環境で働いてい
るのだろうか。日本と違って中国の女性の社会進
出は進んでいると言われている。日本と中国には
どのような違いがあるのか。そのために，まず日
本の女性の働き方について考える。また，働く中
国女性にとって出産・育児はどのような影響を与
えているのかについて調査をする。

1　日本の女性就業

　日本では過去5年間に，出産・育児を理由に離
職した女性は約101万人いる。しかし，離職して
も再び仕事に就く人の割合は増えてきている。日
本の女性就業率は2018年には69.6％となり，女
性雇用者数は前年に比べ81万人増加した。日本
の女性就業の割合は徐々に高くなってきているこ
とがわかる。1988年から2018年にかけて10年ご
との女性の年齢階級別労働力率を見てみると，
1988年や1998年など年代が過去に行くにつれて，
20歳代後半から30歳代前半にかけては，労働力
率の落ち込みが大きくなっていることがわかる。
一方，2000年代以降では，こうした労働力率の
落ち込みは小さくなってきており，かつてのM字
カーブからだんだんと台形に近い形に変化してき
ている[1]（図1）。

　共働き世帯については，総務省「労働力調査」
によれば，1997年以降「雇用者の共働き世帯」
の数が「男性雇用者と無業の妻から成る世帯」の
数を上回り続けており，両者の差も2012年頃か
ら急速に拡大してきている。そして2018年には，
「雇用者の共働き世帯」の数は1,219万世帯，「男
性雇用者と無業の妻から成る世帯」の数は606万
世帯となり，かつて主流であった専業主婦世帯に
替わって，共働き世帯が専業主婦世帯の2倍の多
数を占めるに至っている[2]。このように，結婚・
出産など，ライフステージが変わっても仕事を続
ける女性が増えてきているということになる。で
はなぜ，こうした変化があるのにもかかわらず，
日本はいまだに世界トップクラスの「男女不平等
の国」なのだろうか？

2　日本の女性労働者の現状と課題

　このように，女性の就業率は量的に拡大してき
ている。しかし，女性の管理職の割合が低く，正

規雇用ではなく，非正規雇用の割合が高い。また，正規雇用で就職した女性も出産や育児を機に離職することが多いなどの課題が依然として残っている。

　日本の離職率は，男性が12.5％，女性が17.1％となっている。第一子出産前後に女性が就業を継続する割合は53.1％となっている。しかし，第一子出産を機に離職する女性の割合は46.9％であり，依然として高い状況だ[3]。女性の離職する原因は，男女格差の問題が挙げられる。安倍晋三内閣が2018年6月15日に閣議決定した「未来投資戦略2018」でも女性の活躍をさらに拡大させることが明記されるなど，女性の参画が長年にわたって推進されてきた。2016年には女性活躍推進法が施行され，また，企業における「働き方改革」の取り組みが積極化するなど，仕事と家庭の両立を支援する自主的な企業の取り組みも進んでいる[4]。女性活躍の取り組みが積極化してきたが，それでも諸外国に比べると依然として

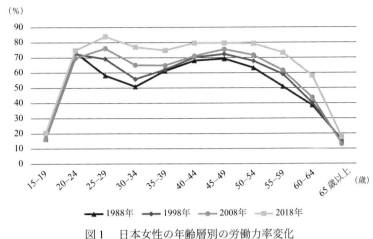

図1　日本女性の年齢層別の労働力率変化

出所：総務省「労働力調査（基本集計）」 https://www.stat.go.jp/data/roudou/index2.html#kekka より作成。

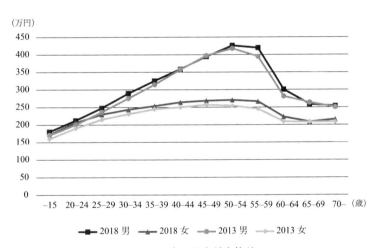

図2　日本の男女賃金格差

出所：厚生労働省「平成30年賃金構造基本統計調査」 https://www.mhlw.go.jp/toukei/itiran/roudou/chingin/kouzou/z2018/dl/02.pdf より作成。

不十分である。各国の男女格差を測ったジェンダー・ギャップ指数において，日本は153カ国中121位である。経済，教育，政治，保健の4つの分野のうち，日本は特に政治と経済において男女の格差が大きい[5]。

　その格差の中で，男女賃金格差が一つの要因となっている。1990年ごろまで，女性の平均給与は男性の60％前後であった。この数十年で少しずつ賃金格差は縮まる傾向にあるが，現在の女性の平均給与は正社員であっても男性の75％程度にとどまっている。大学卒の男女を比較すると，

入社時にはほとんど賃金に差はない。ところが，20代後半から男性の給与は高くなり，勤続年数が増えるにしたがって差はどんどん開いていっている（図2）。

　これには，コース別雇用管理制度の影響が考えられる。日本企業は総合職と一般職という区分で雇用管理することが珍しくない。すなわち，女性が従事することが多い一般職は総合職よりも賃金水準が低く，昇進や昇格の機会が少ないことも賃金格差に表れているだろう。一般職を採用している企業における女性の正規雇用者の平均賃金は男

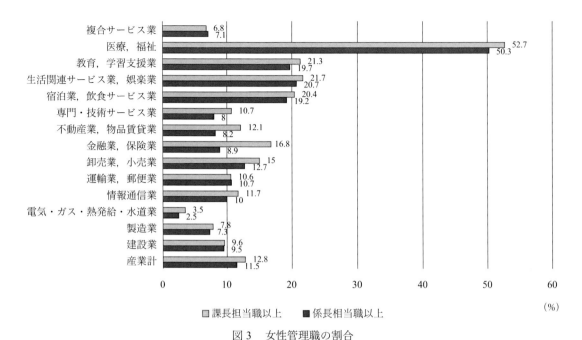

図3　女性管理職の割合

出所:「女性管理職比率とは？　業界ごとの違いや企業の成功事例を女性活躍のプロが解説」　https://sourire-heart.com/8386/ より作成。

性よりも低くなりやすく，勤務年数が長くなるほど賃金格差が拡大しやすい。また，女性管理職の割合の低さも影響していると考えられる[6]。

　日本では，女性管理職の割合が低いことが注目されている。現在，女性管理職を有する企業は21.7%，管理職に占める女性の割合は14.9%となっており，年々増加傾向にある。しかし，30%を超える欧米諸国に比べると，日本はまだとても数値が低いことがわかる。また，業界によって女性管理職の比率には差がある。医療・福祉業界の女性管理職の比率はかなり高く，反対にガス・水道などのインフラ業界には女性管理職が少ないことがわかる[7]（図3）。

　これらのように，日本の男女格差の問題の原因は，本来なら能力が認められ賃金が上がる30代から40代に出産・育児で休職または退職してしまうということが挙げられる。

　また，雇用形態の原因もある。女性は非正規雇用の割合が高く，年齢が上がるごとにその割合が高くなる。20歳から30歳代前半にかけて正規雇用者の割合が最も高くなっているが，30歳代後半以降は非正規雇用者の割合が上回っている。近

年の全般的な労働力率の上昇及びM字カーブの解消傾向には，非正規雇用者数の増加が影響している。この背景としては，女性が正規雇用としての再就職を望まないことのほか，一旦離職した後に再就職する場合，日本の新卒一括採用の慣行等により正規雇用として採用されることが難しいことも考えられる。また，女性は柔軟な働き方といった非正規の職員・従業員の利点に注目していると考えられる[8]。

　次の問題として，福利厚生における育児制度を設けている会社は多いが，取得しにくい，活用しにくいといった職場環境がある。その理由は，人手不足による忙しさや，マタニティ・ハラスメント，働かずに会社に残るのを良くないとする考え方が，育児休暇を取得しにくい，制度を活用しにくい空気を作っているのである。このような問題は女性だけでなく男性にとっても同じである。男性の育児参加率を見てみると，子育て期にある男性が，長時間労働や休暇が取りづらいといった仕事優先の働き方により，家事や育児の時間が十分に確保できないという問題がある。日本では，子どもがいる世帯の夫が家事や育児にかける時間

は，1日平均で1時間にも満たず，3時間前後に及ぶ他の先進国と比較すると，非常に短くなっているのが現状だ[9]）。

その他に，保育園不足が挙げられる。行政や地方自治体も含めた公的なサポートとして，保育所や放課後児童クラブの整備など，子どもの保育サービスの充実も必要である。育児休業期間は原則として子どもが1歳になるまでとされているため，その後は就業を続けるため保育所等の子どもの預け先が必要となる。しかし，現在は，首都圏など大都市では保育所等に入所申請をしているにもかかわらず入所できない待機児童が多く，子どもを保育所等に預けられないため離職となるケースも見られる。そして，このような問題が少子化にも繋がっていくと考えられる。

3　中国から見た日本の女性

日本の女性のイメージについて中国北京外国語大学の学生95人にアンケートをとった。その結果，日本の女性は専業主婦が多いと答えたのは69.47％である。職場に戻ると答えたのは21.25％という結果であった。日本の女性は主婦が多く，結婚をしたら仕事を辞める人が多いという意見がある。一方で，日本の東京の小池都知事が有名で，日本の女性イメージを代表しており，今までの日本の伝統と異なる認識を持っている。また，再び仕事に戻る女性が増え，専業主婦が減ってきているという意見もあった。

また，中国と日本ではどちらの国が女性にとって働きやすい環境であるかという質問に対して，93.68％の学生が中国と答えた。このように，中国から見ても日本女性の働くイメージは少ないということがわかる。

次に，自分が将来，結婚・出産した後は仕事に戻りたいかという質問に対して，ほとんどの学生は仕事に戻ると答えた。ある学生は親に「将来は主婦にはならず，仕事を続けなければいけない」と言われるようだ。これには，親の育児サポートに関して日本と中国の大きな違いであることがわかる。このように，海外から見ると日本女性の社会進出は遅れているという認識を持たれているのが現状である。

4　調査結果

中国の企業に出産や育児に関する質問をした。「結婚・出産を機に離職する人はどのくらいいますか」という質問に対して，すべての企業が離職する人はいない，少ないという答えであった。日本の母親は仕事を辞める人が多いが，中国では休んだ後職場に戻ることや共働きが一般的である。その理由はまず，出産休暇があることだ。中国では半年出産休暇があり，さらに半年哺乳期がある。また，中国では両親からの支援があるため育児に専念する必要がないという答えであった。次に「企業独自の育児サポート」について質問をした。保利健康産業投資有限公司では，半年間は早く仕事を終わることができる。また，子どもがいる人に保障金がある。その他にも，お子さんにお母さんが仕事をしている，努力しているという手紙を渡すことや，子どもが会社や施設に遊びに来ることができるという環境があるという。トヨタ自動車(中国)投資有限公司では，企業独自の育児サポートはない。しかし，小さい子どもがいる母親のための休憩室があることなどの設備や，女性社員に対して配慮はあると答えた。上海瑞茵健康産業有限公司では女性のボーナスや労働時間の調整ができるなどさまざまなサポートがあるようだ。また，中国では，男性が料理をするという家庭が多いようだ。また，中国女性は仕事と育児の両立のなかで，もっと子どもと遊び，喋ってあげたいという思いがあるという。

まとめ

日本の女性就業については，就業率など量的な面では拡大してきているが，国際的にみると依然として低い水準にとどまっており，男女間の賃金格差や，女性管理職の割合が低く非正規雇用割合が高いという課題がある。そして，女性の社会進出の推進を図っていくためには，女性の就業継続やワークライフバランスの確立が重要である。中国では出産・育児を理由に仕事を辞めるという観念がなく，出産や育児に対しての考え方はやはり中国と日本では大きく異なる。その理由は，両親による育児サポートが育児の負担を減らしている

大きな要因であることがわかった。このように，日本でも保育サービスや家族のサポートが正規雇用の女性の家事・育児の負担を軽減し，就業継続をしやすくする必要がある。そのために，女性だけでなく男性も同じように育児を行うための支援を広げなければならない。その問題を打開するために，企業側も女性だけでなく男性にも育児休暇を拡大するなどして，男性女性両方が育児を行える制度をもっと普及させるだけでなく，制度の実効性を高めていくことが必要である。また，企業に託児所を併設するなどして，働く女性が安心して仕事に打ち込める環境づくりを今後も進めることが重要である。

注

1 ）男女共同参画局「女性の労働力率（M字カーブ）の形状の背景」 https://www.gender.go.jp/about_danjo/whitepaper/h25/zentai/html/honpen/b1_s00_02.html（アクセス日：2020.12.6）
2 ）前田泰伸「働く女性の現状と課題—女性活躍の推進の視点から考える—」経済のプリズム，No. 181（2019.11）https://www.sangiin.go.jp/japanese/annai/chousa/keizai_prism/backnumber/h31pdf/201918102.pdf（アクセス日：2020.12.6）
3 ）内閣府男女共同参画局「共同参画」2019年 5 月号，特集 1 https://www.gender.go.jp/public/kyodosankaku/2019/201905/201905_02.html（アクセス日：2020.12.6）
4 ）首相官邸ホームページ「女性が輝く日本へ」 http://www.kantei.go.jp/jp/headline/women2013.html（アクセス日：2020.12.6）
5 ）世界経済フォーラム「Global Gender Gap Report 2020」http://www3.weforum.org/docs/WEF_GGGR_2020.pdf（アクセス日：2020.12.6）
6 ）内閣府男女共同参画局「女性のライフステージと就業」https://www.gender.go.jp/about_danjo/whitepaper/h25/zentai/html/honpen/b1_s00_03.html（アクセス日：2020.12.6）
7 ）内閣府男女共同参画局「就労の場における女性」https://www.gender.go.jp/about_danjo/whitepaper/h25/zentai/html/honpen/b1_s02_02.html（アクセス日：2020.12.6）
8 ）内閣府男女共同参画局「男女の就業の現状と変化」https://www.gender.go.jp/about_danjo/whitepaper/h26/zentai/html/honpen/b1_s00_02.html（アクセス日：2020.12.6）
9 ）小清水世津子「女性雇用をめぐる課題」 https://www.sangiin.go.jp/japanese/annai/chousa/keizai_prism/backnumber/h18pdf/20062001.pdf（アクセス日：2020.12.6）

参考文献

前田泰伸「働く女性の現状と課題—女性活躍の推進の視点から考える—」経済のプリズム，No. 181（2019.11）https://www.sangiin.go.jp/japanese/annai/chousa/keizai_prism/backnumber/h31pdf/201918102.pdf（アクセス日：2020.12.6）
厚生労働省「平成30年版働く女性の実情」（令和元年 6 月24日公表） https://www.mhlw.go.jp/bunya/koyoukintou/josei-jitsujo/dl/18-01.pdf（アクセス日：2020.12.6）
厚生労働省「働く女性に関する対策の概況」 https://www.mhlw.go.jp/bunya/koyoukintou/josei-jitsujo/dl/18-02.pdf（アクセス日：2020.12.6）
内閣府男女共同参画局「男女の就業の現状と変化」https://www.gender.go.jp/about_danjo/whitepaper/h26/zentai/html/honpen/b1_s00_02.html（アクセス日：2020.12.6）
内閣府男女共同参画局「共同参画」2020年 3・4 月号 https://www.gender.go.jp/public/kyodosankaku/2019/202003/pdf/202003.pdf（アクセス日：2020.12.6）

III　中国の女性就業の現状

稲垣祐美

はじめに

　中国では，計画経済期に男女雇用促進政策が取られ，女性の社会進出が進んだ。しかし，市場経済を導入した1978年以降，女性の高就業率を支えていた労働力不足・国有企業の従業員数規模の拡大を目指す経営方針が崩れ，女性の就業率が男性に比べ大きく低下し，男女賃金格差も拡大した。女性の就業率が低下し続ける中，今もなお中国女性の社会進出は進んでいるととらえられることが多い。しかし，今，中国の女性は深刻な就業課題を抱えている。中国女性の就業課題を改めて認識し，政策や制度を見直すことで，女性の潜在能力を存分に活かすことのできる社会作りをすることは，少子高齢化あるいは超少子高齢化の波が押し寄せ労働力が年々と低下している状況下で，企業や社会に大きな経済効果を生み出す。本稿では，中国の女性就業の現状・課題について考える。

1　中国女性の就業状況

　2011年，第 6 回国勢調査によると，中国の都市と農村の就業人口は 7 億5,800万人であり，そのうち女性は 3 億3,700万人である。女性は就業者総数の44.8％を占めている。女性の労働力率は中国全体で63.7％であり，2000年の71.52％と比

べ，2010年の中国女性の労働力率は7.79％低いという結果になった。同年のアメリカやEUなどの先進国の女性労働力率は，60％を下回っていることから，中国女性の労働力率は比較的高いことがわかる。しかし，2010年の中国男性の労働力率78.16％に比べてみると，女性の労働力率は14.43％低く，表1を見ると，1990年以降男女間の労働力率の差は徐々に拡大傾向にあると言える[1]。

表1　中国男女の労働力率の変化表

	1990年	1995年	2000年	2005年	2010年
全体の労働力率	81.52%	81.02%	77.90%	72.58%	70.96%
男性の労働力率	87.35%	85.06%	84.32%	79.83%	78.16%
女性の労働力率	75.00%	72.28%	71.52%	65.31%	63.73%

出所：独立行政法人労働政策研究・研究機構『第11回北東アジア労働フォーラム報告書　女性雇用の現状と政策課題』2014，p. 61.

また，図1から，16〜19歳と20〜24歳の労働力率が1990年から2010年にかけて減少していることがわかる。これは，中国の教育環境が向上し，女性の中等・高等教育入学率が高くなったことにより，女性の就業年齢が上がったためだと言える。ここで注目すべきなのは，24〜49歳の女性の労働力率の変化である。2010年の女性の労働力率は，1990年，2000年と比べて減少していること

がわかる。このことから，中国女性の労働力率は減少傾向であり，働き盛りの生産年齢層（20〜24歳）において，特に減少傾向が顕著に現れている[2]。

2　中国の男女賃金格差

2018年，中国都市部の女性の1カ月平均賃金は6,497元であり，同男性の平均賃金の78.3％だったが，2019年，中国都市部の女性の1カ月平均賃金は6,995元であり，同男性の平均賃金の81.6％だった。2019年は2018年に比べ，男女間の平均賃金の差が縮まったが，依然として，男女間の賃金格差問題がある。その原因として，職業選択がある。表2をみると，女性事務職の割合は男性事務職の割合より多く，女性技術職の割合は男性技術職の割合より少ない，女性サービス業従事者と製造業従事者の割合は男性のサービス業従事者と製造業従事者の割合より多い。また，表3より，事務職，技術職，製造・運輸職，サービス業の職業の中では，女性の平均賃金が男性の平均賃金より低いことがわかる。中国の女性41％が従事する製造業において，男女間の賃金格差が大きく，製造業に従事する女性は，製造業の男性の平均賃金の63％の賃金しかもらっていないことがわかる。また，女性の管理職が男性の管理職より少ないことも男女間の賃金格差に繋がっている[3]。

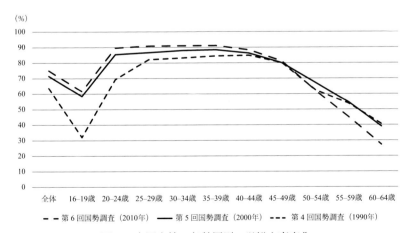

図1　中国女性の年齢層別の労働力率変化

出所：第6回，第5回，第4回国勢調査より作成。

表 2　中国における職業別男女賃金格差表

	中国男性	中国女性
技術職	21%	17%
事務職	15%	17%
製造業	39%	41%
サービス業	5%	15%
その他	20%	10%

出所：馬欣欣「性別職業分離と男女間賃金格差の日中比較
―日本と中国の家計調査のミクロデータを用いた実証分
析―」『中国経済研究』2007-09, pp. 14-34 より引用。

表 3　中国における職種別男女賃金格差表

	男性（元／年）	女性（元／年）	女／男
技術職	9,673	7,920	82%
事務職	8,432	6,688	79%
製造・運輸職	6,027	3,785	63%
サービス職	5,353	4,020	75%
その他	3,133	3,133	100%

出所：馬欣欣「性別職業分離と男女間賃金格差の日中比較
―日本と中国の家計調査のミクロデータを用いた実証分
析―」『中国経済研究』2007-09, pp. 14-34 より引用。

3　中国の女性管理職

　アジア 5 カ国・地域の女性管理職の割合変化
（図 2 ）から，2019年，中国の女性管理職の割合

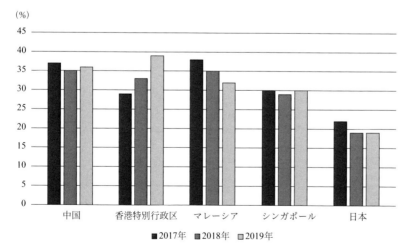

図 2　アジア 5 カ国・地域の女性管理職の割合変化
出所：HAYS「デジタル化された柔軟な未来に向けて：急速するアジアの雇用トレン
ドを知る」『ヘイズアジア給与ガイド』2020, p. 10 より引用。

は36％であり，香港特別行政区の女性管理職の割合39％に次いで高いということがわかる。そして，マレーシア32％，シンガポール30％，日本19％と続く。2017年から2019年にかけて中国は，アジア 5 カ国・地域の中では女性の管理職の割合は高い。しかし，中国の女性管理職の割合は比較的横ばいであり，増加傾向ではない[4]。

4　中国の女性の就業難

　中華全国婦女連合会による2010年「女子大生の就業・企業状況調査」によると，女子大学生は一回の面接試験または筆記試験の機会を得るために，履歴書を平均 9 社に提出しており，雇用契約を得るために履歴書を平均44社に提出しており，56.7％の女子大学生が求職の過程で，男子大学生に比べ，得られる面接試験・筆記試験の機会が少ないと感じている。中国政法大学憲政研究所が2010年に公表した「大学生雇用差別状況の調査報告」によると，「43.27％の雇用主が採用の際に，大学生求職者の性別について明確に男性限定としていた」ことがわかり，実際に中国で「男性優先」の採用がされていた。近年では，この様なあからさまな女性差別は少なくなっているが，依然として採用の際に女性の容姿や身長等の採用条件を厳しく設定するケースが多く見られている。また，女性の高等教育卒業生の専門性が活かされている割合は，大学卒業者で61％，高等職業学校・高等専門学校の卒業者が59％であるのに対して，男性の高等教育卒業生の専門性が活かされている割合は，大学卒業者で73％，高等職業学校・高等専門学校の卒業者が70％であり，女性の高等教育卒業生の専門性が活かされている割合が男性より低いことがわかる。これは，女性の高等教育卒業生が専門分野と関係のない仕事に従事している割合が高く，女性の高等教育卒業

生の就業の質が低いことを示している。さらに，大学卒業半年後の女性の月平均給与は2,300元であるのに対し，男性大学卒業者は2,616元で，大学卒業半年後の女性は男性の87.9％の賃金しかもらっていないこともわかった[5]。

　女性の高等教育卒業者の就業難と同様に中国で問題視されているのが日本での「マタニティ・ハラスメント」に該当するものである。妊娠中や出産休暇期間満了後の女性労働者について，職務変更や給料の減額をし，または業務量や人事考課などにおいて不利益な取り扱いをし，さらにこれらを通じて退職勧奨・退職強要や解雇等を行うことが増えている。今後，「二人っ子政策」の始まりに伴い，採用の段階だけでなく，昇進昇級や人事考課等の段階においても，女性を差別し，不利益な取り扱いが顕在化してくることが予想されている[6]。

　採用における女性差別の原因として，妊娠・出産・授乳期間の女性従業者が仕事上において体調を崩した場合，享受する医療福祉が主に会社負担となることから，雇用組織は利益を追求し，採用の段階で女子大学生を選ばなくなることが挙げられる。採用における女性差別も，妊娠・出産等を理由とした不利益取り扱いも，女性差別が行われる最も重要な理由として，企業にとって，女性の方が男性の雇用より負担がかかってしまうという共通の認識がある。今後企業は，妊娠・出産等に伴うコスト回避をせず，男性労働者にも同じ様に出産休暇を付与し，女性のみにかかるコストを減らしていく様な制度設計や「コストの均等化」の動きが必要である。また妊娠・出産等を理由とした不利益取り扱いをする原因として，「婦女権益保障法」や「就業促進法」など男女平等を目指すための政策・法規定が充分に具体的ではなく，適用性に欠けることが挙げられる。妊娠・出産・授乳等を理由にし，女性従業者を不当に取り扱うことを禁止する規定として，「婦女権益保障法」の27条において「女性従業者の妊娠期間・出産期間・授乳期間には，基本給を下げてはならず，労働契約を解除してはいけない。ただし，女性労働者が労働契約の終了を求める場合は除外する」と規定はされているが，妊娠中や出産休暇満了後に

職務内容を変更されることや解雇されるということは依然として多く見られる。実際に雇用において差別をなされた場合の行政的救済は，中国では明確にされておらず，実効的な救済制度を欠いている。妊娠中や出産休暇満了後に職務内容を変更されることや解雇される等の雇用における女性差別を恐れ，中国では，女性労働者が就職活動の際，または採用されてからも職場に結婚や出産について隠蔽することが多く見られ，「隠婚」や「隠育」現象と呼ばれる。妊娠・出産等を理由とした不利益取り扱いをなくすために，妊娠・出産等を理由とした不利益取り扱いを禁止する条項を法律で明確にすることや妊娠期間・出産期間・授乳期間中の有職女性を守る行政的救済を与えられる様に整備することは不可欠である[7]。

5　中国の女性の労働環境

　近年の中国の労働環境は「996」という言葉で表せられることがある。これは，長時間労働を表す言葉であり，朝の9時から夜の9時まで，週6日間出勤することを示している。元来，IT業界で流行っていた言葉であるが，近年では多くの企業で長時間労働が問題視されるようになったため，「996」という言葉が中国全体において囁かれるようになった。また中国は，日本・韓国と同じく家事・育児・老人介護などの家庭責任は女性の責任だと考える「男は外，女は内」という伝統的な性別役割分業意識が人々の心の中に残っている。そのために，家庭責任を担っている有職女性は少なくない。長時間労働は，中国の有職女性の「仕事と家庭」による二重負担をさらに重くさせている。近年の「996」と表せられる中国の労働環境から，女性は就業を継続しながら家事・育児・老人介護などの家庭責任を優先するケースも増えている。第2期・第3期中国婦女社会地位調査課題組の調査によると，「男は外，女は内」という性別役割分担に賛同する女性の割合が，2001年は50.4％だったのに対し，2011年は4.4％多くなり54.8％に達している[8]。

　また，中国では定年が男性は60歳，女性が55歳と比較的早く，退職後に健康上，体力上において何も問題なく孫の面倒を見ることができたた

め，家事・育児のサポートを退職後の老人が行う
ことが多く見られた。この親世代の援助は，中国
の有職女性の家事・育児などの家庭責任の負担の
一部を減らしていた。しかし，中国では核家族化
や高齢者の独居化，急速に進む高齢化により，伝
統的サポートシステムであった親世代・子世代・
孫世代のつながりが崩壊し始めている。伝統的サ
ポートシステムを失うことにより，有職女性の「仕
事と家庭」の二重負担はますます増えていくこと
が予想される。「男は外，女は内」という伝統的
な性別役割分業意識を無くすことを目的とした改
革を行い，国・社会全体のサポートによる育児サー
ビスの充実化が行われることが，有職女性から
「仕事と家庭」の二重負担を取り払うことに繋が
る[9]。

6　調査結果

　では，実際中国企業の労働環境はどのようにな
っているのか。4 つの企業に残業について話をう
かがった。「御社に残業はありますか？」という
質問に対して，「残業がある」と答えたのはトヨ
タ自動車(中国)投資有限公司（以下，トヨタ(中
国)）と上海瑞茵健康産業有限公司（以下，上海
瑞茵）の 2 つの企業で，「残業は基本しないが，
残業をしないといけない時期がある」と答えたの
は保利健康産業投資有限公司（以下，保利健投），
「残業がある部署とない部署がある」と答えたの
が外語教学与研究出版社（以下，外研社）であっ
た。また，企業ごとに残業の特徴があることがわ
かった。トヨタ(中国)は，労働法により定められ
た残業時間である月36時間以内の残業時間をめ
ざしており，総務や人事など比較的残業が少ない
部署は守ることができているが，マーケティング
部は残業を月36時間以内に収めることは難しく，
土日に出勤することもある。上海瑞茵は，残業時
間は男性の方が多く，女性の方が少ないという傾
向がある。保利健投は，シフトを 3 回ローテーシ
ョンし，1 人12時間業務，そのうち 8 時間は勤
務をして，3 時間は休憩するのを理想としている。
外研社は，残業時間に男女差はなく，年末の調整
期に入ると夜10時や12時まで残業をすることが
ある。

　次に，「家庭責任や家事労働を担う女性の残業
に対して特別な配慮はありますか？」という質問
をした。トヨタ(中国)は，「土日出勤が行われた
場合振替休日が取得でき，家庭責任を担う女性に
対しては，上司と緊密にコミュニケーションを取
ることで仕事量を減らすこともできる。また子ど
もがいる家庭に対しては，子どもが 1 歳になるま
では 1 時間の短縮勤務が可能であり，1 歳以降も
職場に子どもを連れてくることもできる」。上海
瑞茵は，「土日などの休日出勤が行われた場合は
振替休日の取得が可能で，家庭責任や家事労働を
担う女性に対しては，時短で働くことや仕事量を
調節するなど休息をたくさん取れるような配慮を
している」。保利健投は，「職場には圧倒的に女性
が多く，家庭責任や家事労働を担う女性同士がお
互いに配慮しており，子どもを職場に連れてくる
ことができる」。外研社は，「勤めている女性が
70％と男性より多いので，特別なケアは行っては
いないが，チャイルドスペースを設けており，管
理職は社員にあまり残業させないように気を遣っ
ている」という回答だった。また，女性に対して
「仕事や残業をする上でどのような配慮が欲しい
と感じますか？」という質問をしたところ，保利
健投は，「現状や今の会社の対応に満足している」
という意見だった。トヨタ(中国)では，「退勤時
間が 9 時半以降になる場合はタクシーで帰れるよ
うにタクシー代を支給するなど安全面での配慮が
欲しい。また，子どもが小さい時に一緒にいられ
る時間を増やして欲しい」という意見があった。
外研社では，「中国の女性が仕事で男性と同じレ
ベル・量の仕事を求められ，家に帰れば家庭責任
や家事労働を担わなければならないので，中国女
性の家庭と仕事の二重負担によるストレスはとて
も大きい」という回答だった。

まとめ

　中国女性の就業には，中国の女性の労働力率の
変化・男女賃金格差・管理職比率という就業の現
状に加え，雇用上の女性差別や家庭責任と仕事の
二重負担という課題があることがわかった。この
ような中国女性の就業問題を解決するためには，
まず確固として人々の意識の中に残る「男は外，

女は内」という伝統的な性別役割分業意識を無くす必要がある。女性が今はまだ「男性優位」の社会だということを認識することや、国・社会全体のサポートにより「男は外、女は内」という伝統的な性別役割分業意識を無くすことを目的とした改革を行い、育児サービスの充実化を行うことで、中国女性の就業環境は改善されていくだろう。

注

1）独立行政法人労働政策研究・研修機構『第11回北東アジア労働フォーラム報告書　女性雇用の現状と政策課題』2014、p. 61.
2）同上、p. 62.
3）馬欣欣「性別職業分離と男女間賃金格差の日中比較—日本と中国の家計調査のミクロデータを用いた実証分析—」中国経済学会編『中国経済研究』4巻1号、2007、pp. 14–34.
4）HAYS『2020年ヘイズアジア給与ガイド　デジタル化された柔軟な未来に向けて：急速に進化するアジアの雇用トレンドを知る』2020、p. 10.
5）同注1）。
6）鄒庭雲「中国における雇用上の女性差別に関する実態と法規制の動き」『比較法学51巻1号』早稲田大学比較法学研究所、2017、pp. 197–211.
7）同上。
8）陳予茜「中国における子育て中の有職女性の仕事、家事、育児の実態とバランス—浙江省紹興市の女性へのインタビューから—」『情報コミュニケーション研究論集』第17号、2020、pp. 1–17.
9）同上。

IV　働く女性の就業意識と男女間での差別

大村　綾

はじめに

近年、厚生労働省から「えるぼしマーク」や「くるみんマーク」といった子育てサポート企業として社内外に PR している企業が多くなっている。そうしたことにより、企業のイメージアップが期待でき、女性も活躍している企業だと一目でわかるようになった。国や県が女性活躍に向けてさまざまな政策を打ち出している。女子大学生が将来の就職を考える上で重要となってくるのは、長く働くことができるか、育児制度が整っているかどうか、女性であっても活躍できるかということで

ある。本稿では、働く女性を取り巻く環境や、仕事と家庭そして男女間においての仕事上での差別意識について日中を比較して考えていく。

1　働く女性の就業意識

女性にとって、結婚出産は大きなライフイベントとなる。日本では、結婚出産を機に仕事を退職し、育児などの負担が軽くなった時期から再度就業をし始める人が多い傾向にある。実際に、北京外国語大学の学生に「日本の働く女性についてどのようなイメージを持っているか」という質問をしたところ、「結婚出産後に専業主婦となり仕事を続けている人はいないイメージだ」という回答であった。今では言われなくなったが、オフィスレディーを意味する OL が働く女性の姿だと認識している学生もいた。愛知県「女性の活躍キャリア形成推進事業」における大学生の意識調査では、女子大学生の職業継続の考え方について、定年まで継続して働きたいと考える女子大学生は全体の約3割を占めており、働き続けたいと考えていることがわかる[1]。親世代は、結婚して子どもができたら辞めることが当たり前のような風潮があり、専業主婦となる女性が多かったのは事実であるが、女性活躍推進法や次世代育成支援対策といった国の取り組みもあり、専業主婦になるという考え方は薄れてきている。一旦、仕事を辞めてしまうと正社員として働くことは難しく、非正規雇用として働かざるを得ない。パートタイマーという非正規雇用は、時間の融通が利くというメリットはあるものの、生涯年収は正社員として働き続けるよりも大きく減ってしまい、経済的に収入への不安は拭えない。正社員で働き続けるためには、保育園などに子どもを預けることのできる環境であることや、育児との両立の支援制度の充実があげられる。子どもを日中預けることができれば、その時間帯に働くことは可能であるし、また企業独自の支援制度によって女性の働き方を推進していくのなら、結婚出産などのライフイベントを経ても働き続けることができると考える。

一方中国では、日本のように「寿退社」や出産子育てによる離職する女性は少なく、仕事を続けている。日本とは違い中国は男女平等を基本的な

国策の一つに掲げ，女性に男性と同等の就業機会や報酬があることが前提となっている。女性は，社会発展の役割を担い労働力の貴重な資源とされており，女性の労働参画率は高くなっている。「どのような女性が活躍しているか」という質問においてトヨタ自動車(中国)投資有限公司では，女性は周りを巻き込む力を持ち，向上心や自己主張が強い人，上司に言われてから動くのではなく，主体的に考え，動くことのできる人が活躍している傾向にあるとの回答であった。どの企業も女性は男性と同等に評価してもらえる環境にあり，女性管理職者も多数いる。しかし，中国では男性は体力が必要な仕事やベンチャー企業の経営者のような挑戦を好む人が多くなっている。男性にとって人の世話をする介護や，デザインのような仕事は女性の仕事だという意識も存在している。実際に，介護の仕事を行う保利健康産業投資有限公司（以下，保利健投）や外語教学与研究出版社では，女性の従業員比率が高く，それに伴い女性管理職者も多くなっている。保利健投に「介護の仕事をする人は，男性が少なく女性が多い理由はなぜだと考えられるか」と質問をしたところ，男性の意識の中で，介護は女性がするものだ，男性はもっと社会的地位の高い仕事に就きたいと考えている，とのことであった。しかし，介護職は人材不足という現実もあり，男性介護職員数も多くなっている。利用者の介助や，福祉用具を使うなど力仕事も多く，また男性利用者の場合は男性介護職員が担当であると安心感があるとの理由で，男性も活躍できる職場である。どの企業の女性も結婚出産後に仕事を退職するという考えを持っていないことが大きな特徴であった。

2　性別役割分業の意識

　日本では依然として男は大黒柱で稼ぎ手，女は家庭を守り養われるものという意識が存在しているといえる。夫は仕事，女は家庭という固定的な性別役割分業の考えが維持されている要因の一つに女性自身がそのことについて強い抵抗感を持っておらず，家事や育児は女性の担当だとして受け入れる傾向にあるのではないかと考えられる。2016年総務省統計局「社会生活基本調査 生活時間に関する結果」によると，1日の家事関連に費やした時間は男性が1時間23分，女性が7時間34分であった。この結果から女性は1日のほとんどを家事や育児に時間を費やしていることがわかり，男性のサポートはほとんどないといっても過言ではない。土日祝日も出勤する男性も多く，子どもと遊ぶ時間を取ることができないことも課題の一つである。男性は，外に出て働くことに力を注ぎ，女性は家の中にこもって家事をするという固定的性別役割分業意識は，未だに根強く残っている。最近では，イクメンという言葉があるように，男性も育児に協力的な社会風潮が生まれてきている。しかし，男性が育児休暇を取ることは，同僚への負担増加による取得しづらい雰囲気や，昇進が難しくなる状況にあるなど，女性育児休暇取得率83.0％に比べ男性育児休暇取得率は7.48％と非常に低い取得率になっている[2]。育児・介護休業法という国の法律があるにもかかわらず，取得できないというのには，矛盾を感じる。制度を活用し，男性も育児に参加できるようになることで，女性が活躍する国へと変わっていくのではないかと考える。

　中国では，男女ともにフルタイムの共働きが一般的である。祖父母が孫の面倒を見ることが当たり前で，専業主婦という考え方は一般的ではない。中国の学生によると，自分の親は「育児は自分たち（学生の親）がするから，出産してもあなたは専業主婦になってはいけない，仕事に復帰して」と言い，就業を続けることを勧めるという。職場においても，結婚出産後であっても，仕事に影響することなく他の従業員に迷惑をかけることもない。結婚をすると妻と夫の両方が家庭を支え生活費を稼ぐことになる。中国の男子学生に，将来育児サポートをしていきたいかを質問すると，「結婚後お互いが助け合うのは当たり前で，子どもの世話を積極的にやりたい。また，進んで子どもと遊ぶ時間を確保するなど2人で育てていきたい」と答えた。また，「もしも収入面で厳しくなったら男が責任を負う」と決意していた。このように思っている学生は多いものの，現実として妻の家事育児負担が大きく夫のサポートは不十分であると考える女性も少なくない。子どもと一緒にいる

時間を増やすために，在宅勤務制度や残業をしないように企業がサポート体制をとっている。計画経済期は，平均収入が低く，男女の共働きでないと家計が保てない状況にあった。しかし，近年の経済成長により，仕事重視よりは仕事と家庭のバランスを重視する女性も増えつつあり，専業主婦となる女性もいる。スマホやタオバオ（淘宝）を使用して仕事をする女性もおり，就業形態の多様化が顕著に現れている。

3　男女間で感じる差別

　世界経済フォーラム「Global Gender Gap Report 2020」において各国における男女格差を測るジェンダー・ギャップ指数では，日本は世界153カ国中121位，中国は106位となった。日本で男女格差が根強い理由としては，女性の非正規雇用比率の高さや一般職の割合の大きさにある。女性は育児と仕事の両立のために非正規雇用や，転勤を伴わない一般職の割合が大きい。現在では，一般職を設ける企業は減少傾向にあるものの，地域限定の総合職といったコース別の採用がある企業が多くなっている。エリアを絞ることで，転居を伴った転勤はなくなるが，全国転勤ありの総合職と比べると賃金は低くなる。そうしたことにより，男女の賃金格差は生まれてしまう。一昔前までは，現在の客室乗務員という呼び名がスチュワーデスと呼ばれており，現在では男女ともに看護師と呼ぶが，昔は男性を看護士，女性を看護婦と呼んでいた。職業において，男性女性で呼び名が変わることは差別に当たるとして，20年ほど前から性別を問わない呼称となった。これは，男女雇用機会均等法という法律により定められたことによって呼び名が変わった。制度の改正や国・自治体の取り組みによって徐々にではあるが働く上での男女差別は縮まってきているのだと考える。

　「中国の男女の賃金や昇進，教育，待遇においての差別を感じたことはあるか」という質問では，どの企業も「不平等な格差はない」との回答であった。同じ仕事では同じ給与という「同工同酬」という考え方が普及していることが挙げられる。女性だから給与が低いなど不合理な考え方はないことで，女性も男性と同じく仕事に励むことがで

きる。しかし，中国では男性も女性も同じ仕事量や要求，目標を課されるため，しばしば家に仕事を持ち帰ることもあるという。家で残った業務をやるには，子育てや家事の時間を間引かなければならない。「子どもがいるなら，早く帰っていい」と言ってくださる上司もいるものの，バリバリ働くには妥協せず精一杯頑張るしかないと考える女性も少なくない。残業せずに家庭の時間を作るために，努力をする女性が多い。女性の管理職者数は日本と比べて多いものの，管理職と育児との両立は簡単ではない。管理職となると，もちろん賃金は上がるがその分，仕事に費やす時間もさらに多くなる。時には残業も発生するため，管理職となる女性は男性よりも少なくなる。そのため必然的に，管理職の割合は男性の方が大きく，そのことが原因となって男女の賃金格差となってしまう。企業への質問では，男女間で不平等な格差はないとのことであったが，目に見える形ではないだけで，潜在的には存在するのではないだろうか。中国の女性は，男性と同等に活躍しようと自ら動いていることが特徴だと考えた。

まとめ

　働く女性の就業意識，性別役割分業，男女格差という3つに分けて考えてきたが，日本と中国を比較することで，中国の女性は積極的に働く意欲を持ち，また祖父母や夫の育児サポートが一般的に行われているからこそ，仕事を続けることができているのだと学んだ。企業座談会では，どの企業も女性が男性と同じように活躍しているとの回答で，仕事と家庭どちらにも重きを置き，充実した日々を送っているようであった。同時に日本がいかに女性の社会進出が遅れているかが顕著に現れており，さまざまな制度を利用していかなければ女性の活躍は成し遂げられないのであろう。「ワークライフバランス」という仕事と生活の調和を保つことのできる社会を目指すには，男性の育児参加が必要であり，女性の負担が少しでも軽くなることで仕事が上手くいき，家庭でも子どもを産み育てるという充実感を味わうことができるのではないか。結婚し出産後，仕事を続けたいと思いつつも仕事を一度辞めなければならない女性や，

育児休暇を取得したが復職せずに退職を選ぶ女性もいるという現状を打破するためには，制度の積極的な活用と女性へのキャリア研修が必要である。日本と中国の就業意識の大きな違いは，昇進への意欲である。中国は上昇志向が高く昇進したいと考える人が多い一方，日本は昇進したいと考える人がそれほど多くなく，現状維持を好む。日本は依然として男社会で男性の方が優遇されている場合がある。女性も男性と同じ仕事量を任されることも多くなったが，家庭はほぼ女性が担当しており，結果仕事を辞めるもしくはパートタイマーとして働くという悪循環になっている。

超高齢社会である日本は，労働力人口が減少しているという課題を解決するために「働き方改革」という人材の確保と同時に，企業も経済もよりよい社会を目指している。しかし，女性が働き続けにくい社会であると，ますます働き手が不足してしまう。育児家事を女性が担当であるかのような固定観念をなくし，社会全体が働く女性に理解を示すような意識づくりが必要だと考える。

注

1）あいち女性の活躍促進応援サイト「女子×仕事　ジョシゴト応援ノート」 https://aichi.jyokatsu.jp/document/joshigoto.pdf（アクセス日：2020.11.23）
2）厚生労働省「令和元年度雇用均等基本調査」 https://www.mhlw.go.jp/toukei/list/71-r01.html（アクセス日：2020.11.23）

参考文献

あいち女性の活躍促進応援サイト「女子×仕事　ジョシゴト応援ノート」 https://aichi.jyokatsu.jp/document/joshigoto.pdf（アクセス日：2020.11.23）
UNITED NATIONS DEVELOPMENT PROGRAMME "Global Gender Gap Report 2020" https://www.weforum.org/reports/gender-gap-2020-report-100-years-pay-equality（アクセス日：2020.11.23）
厚生労働省「女性活躍推進法特集ページ」 https://www.mhlw.go.jp/stf/seisakunitsuite/bunya/0000091025.html（アクセス日：2020.11.23）
厚生労働省「男性の育児休業の取得状況と取得促進のための取組について」 https://www8.cao.go.jp/shoushi/shoushika/meeting/consortium/04/pdf/houkoku-2.pdf（アクセス日：2020.11.24）
総務省統計局「平成28年社会生活基本調査の結果」 https://www.stat.go.jp/data/shakai/2016/pdf/youyaku2.pdf（アクセス日：2020.11.24）

Ⅴ　女性労働者に対する企業の姿勢はどうあるべきか

柴田瑞希

はじめに

日本では女性の社会進出がさまざまな問題を抱えている。それに対し，中国では女性の社会進出が盛んになり，多くの女性が職場で活躍している。時代の変化とともに女性の社会進出が急増しており，社会的地位も上昇してきている。本稿では，日本と中国における女性の働き方の違いを比較し，企業側は女性が働きやすい環境をどのように提供すればよいかを明らかにしたい。まず先行研究で学んだ女性就業の現状や対策を述べ，次に調査結果から導かれる今後の課題と対策を述べる。

1　女性就業の現状と対策

先行研究を通して学んだことは，第一に中国では生産年齢人口における労働力率が減少していることがわかった。この主な原因は過去における一人っ子政策の実施や，女性の育児負担や産休や育児に対する社会保障の欠如が主に挙げられた。中国に限らず日本の生産年齢人口における労働力率も減少し始めていて，生産年齢人口の減少は高齢化社会の担い手の減少をも意味する。このまま減少傾向が続くどころか悪化すると，老年齢人口の比率は高くなる一方である。

女性の管理職においては職業別で賃金や雇用率の偏りが大きく出ている。日本では男女共同参画社会に向けてさまざまな取り組みがされているが，その取り組みの方向は国自体の経済成長が目的である。専業主婦を優遇するような制度や保障がむしろ女性の活躍を遮るものになってしまってはいないか，専業主婦の優遇よりも管理職における優遇や公平さが中国の女性が望んでいる可能性があるのと，女性の活躍の幅を広げれば自ずと自国の経済成長がついてくるのであろう。

女性労働者の権利向上における男女格差の解消を欧米では「同一価値労働同一賃金」[1]という取り組みで実行がなされた。これは男女が同じまた

は類似の仕事に従業している場合のみならず，男女が全く異なる分野の仕事をしている場合にも含まれる。すなわち労働の価値が同じであればそれらがたとえ異なる職種であろうと同一の賃金にしなければならないということである。特に看護やケアや教育の分野では女性が家庭内でも無償で行うべきという考えが根強くあるため，賃金が市場で低く設定されてしまう傾向がないわけではない。このようなことを踏まえ，国際労働機関であるILOは男女差別を排除し，より実質的な男女平等を促していくための「同一価値労働同一賃金」を掲げている。このことは，女性の仕事に対する固定観念を明らかにし，それを解決の方向に持っていこうとする国際的動向がよく理解できる。もちろん能力のある女性が高い賃金を得られていることも世の中には多く存在するが，無視できない問題が多くある。

　在中日系企業の女性の管理職や在アジア企業の女性の管理職の少なさにも問題がある。製造業を中心に中国人管理職の活用や確保の問題が生じており，在中日系企業は在韓国や台湾よりも管理職の割合が低く，欧米系の企業の離職率が18.8％に対し日系企業は26.8％であり，その中でも主体的な離職が多い。原因は企業の報酬や制度の欠如，研修や教育の不足，登用制度があってもその制度が管理職の確保や育成がきちんとなされていないと人材活用はもちろんのことその企業の現地の定着化や拡大が困難になっていることである[2]。

　中国では祖父母が孫の送迎や世話をする習慣があるが，近年の中国の核家族化により難しくなりつつあり，それが中国人女性の社会進出に影響してしまっているケースもある。さらに日本だけでなく，中国でも社会全体の高齢化が進んでおり，施設入所での親の介護にも限りがあるため，在宅介護をしなければならない場合が増えてくる。それによっても社会進出がしづらい状況が生じてしまっているのである[3]。

　まず中国には日本のような在宅福祉制度の整備や地域福祉という考えが足りていないのが現状として存在している。そうすると解決の糸口になるのは労働国際機関の取り組みだけではなく，医療機関や関連機関も体制を整えるなどするべきであ

る。高齢者は高齢者自身で質の高い自立した生活を送れるようにならなければならない。そのためには地域のコミュニティを生かした福利サービスを行うのが重要になってくる。

　核家族化による子どもの面倒を中国の働く女性はどうするのかに焦点を当てて解決策を考えていくのも大事ではあるが，それと同時に生じている祖父母に該当する高齢者の介護問題を並行して解決していくことを考えていかなければ，本当の問題解決にはならない。中国には育休制度がないため，出産から職場に復帰するまでの期間は育休がある日本よりも短い。中国は，各企業で日本や北欧のような育休や女性支援制度のようなものを設け，女性が子どもを出産することを考えたときに仕事に早く復帰しなければならない，という余計なプレッシャーを取り除く必要があるだろう。

　労働力率を上げるには労働市場の状況や潜在的労働力の調査と分析が求められる。今後の見通しとして，潜在的な労働力が現在存在している生産年齢人口の労働力率にどのくらい反映され，期待ができるのかを考えるのがまず大切である。また生産年齢人口の人間が何らかの保障が欠けていることにより，労働市場に参加できない現状をきちんと原因から突き詰めて，該当者のサポートを迅速に行う必要がある。国として何かを取り組もうとするときに懸念されるのが，実施し始めた取り組みが結局国のためではないかと国民が気づいてしまうことである。そうなると国民は国を信用しなくなり，彼ら彼女らの労働意欲や願望を損なわせてしまう。

2　中国から見た日本の女性労働者のイメージ

　中国人の大学生を対象としたアンケート調査の中で，「あなたは中国か日本のどちらが女性就業において環境が整っていると思いますか？」という質問に対して，93.68％の学生が中国と答え，6.32％の学生が日本と答えた。中国の学生にとっては圧倒的に中国のほうが働きやすいイメージがあり，筆者がその結果を見たときに自国であるからではないかという考えが頭に浮かんだが，中国の学生に理由を詳しく尋ねると，3つの理由があった。

1つ目は中国人の女性リーダーをたくさん知っている一方で，日本のことは中国のことほど詳しくないため，職場や労働環境での上位の女性のイメージすらもつかないため「日本では女性はなかなか昇進ができない」というステレオタイプに陥っているのかもしれない，という回答であった。

2つ目はドラマや日本のアニメを観て，日本の女性には専業主婦が大勢いて，仕事ができる女性，つまりキャリアウーマンのキャラクターがなかなか見えないため，そのように思い込んでしまうのかもしれない。これに関しては，討論会の時にある学生が小池百合子都知事のメディアの露出が増えてきているため，最近は日本の女性に対するイメージが自立した女性という印象に変化しつつあるという意見があった。ドラマやアニメといった両国の文化交流が労働状況のイメージをも形成させるという驚きと，日本のトップに立つ人間の他国におけるイメージの影響力の大きさを感じた。

3つ目は，中国のマスコミは日本はセクハラや子どもができたら退職するというニュースをよく伝えるから，ということだった。

3　調査結果のまとめと今後の課題と対策

ここでは中国人学生との討論会と，企業座談会を通して掴んだ中国の女性の働き方の傾向について述べる。まず昇進意欲に関しては4社とも女性社員は意欲があるという共通の回答があった。それぞれが自分の価値を果たしたいという思いがあるという回答もあった。筆者が「女性は生理を理由に休暇を取れますか？」という質問をこちらから投げかける前に，企業の社員の方が自ら「因みに女性の社員は生理の時は長く休みを与えたりしています」と仰られ，企業側からの女性の配慮に対する意識がうかがえた。中国の学生に向けて実施したアンケート調査では，数名の学生が生理の時休みは取れるかが心配という回答があった。最近の日本では，生理に対する倫理観を考え直す風潮がだんだん増えてきている中で，筆者は女性特有である生理に対して日本の会社は何か配慮があるのかを気にし始めていた矢先に良い意味で中国に先手を打たれたような気持ちになり，先進国の在り方もそこで学んだ。会社の上の方からのこの

ような配慮が中国の働く女性の仕事に対する意欲にもつながるということが感じられた。

2つ目の傾向として，働き方について，近年SNSの発達により中国の女性就業の形態が多様化してきており，タオバオ（淘宝）などを活用して個人でネットショッピングビジネスを展開する女性が増えてきた。これにより既婚の女性で退職する人が増えつつある。自ら雇用形態を多様化することに努め，出産や育児がしやすいようにしている女性も多くいる。

傾向の3つ目は育児に対する不安感が日本の女性よりも少ないということである。その理由は，中国では祖父母が孫の世話をするのが当たり前という意識と，若者の子育ては両親に助けてもらえるという考えが一般的であるためである。

今回の企業座談会を通して昇進などに関しての差別はないということだったが，筆者らの知らないところで差別はまだ存在していると思われる。中国の学生を対象に実施したアンケート調査では，「就職する上で一番不安なことは何ですか」という質問で最も多かった回答は男女差別だった。この課題に関して筆者は，企業の取り組みや姿勢として重要なのは雇用している労働者を性別区分である男性女性としてみるのではなく，労働者を一人ひとりの個人として接することが重要であると考える。さらに，意欲ややる気のある女性たちが就職をするうえで男女差別に対する不安を抱いている現状を企業側がきちんと把握し，男女差別を禁止する制度を導入することが大事だと思われる。

注
1）藤野敦子「フランスで『同一価値労働同一賃金』原則は実現しているのか？―フランスの実態と課題―」『京都産業大学経済学レビュー』No. 4, 2017　https://core.ac.uk/download/pdf/230770537.pdf
2）徐雄彬「在中日系企業における中国人管理職の確保・活用に関する一考察」『桜美林経営研究』創刊号, 2010, pp. 53–66　https://obirin.repo.nii.ac.jp/?action=repository_uri&item_id=473&file_id=21&file_no=1
3）陳金・新田静江「中国における地域看護サービスと高齢者の家族介護に関する文献レビュー」『山梨大学看護学会誌』5号, 2007, pp. 7–12　https://lib.yamanashi.ac.jp/igaku/mokuji/YNJ/YNJ5-2/image/YNJ5-2-007to012.pdf

参考文献
河口和幸「脱成長社会への展望」『崇城大学紀要』第41巻，2016，pp. 25-47　https://sojo-u.repo.nii.ac.jp/?action=repository_uri&item_id=942&file_id=23&file_no=1

行動日誌

10月29日㈭

　午前中は顔合わせ会をしました。そして，「国や地域研究の視点と研究方法」と「中国の経済発展と日中経済協力」についての講義を受けました。夕方には，学生だけの討論会をしました。初めてでとても緊張しましたが，北京外大の学生はとても優しく，また意見をたくさん述べてくれて有意義な討論会になりました。明後日も同じように討論会があるので頑張りたいと思います。（水谷）

10月31日㈯

　今日の講義は「中国の郷鎮企業と地域経済」と，私たちの研究テーマでもある「女性就業」についてでした。学術的な面からも女性就業を学べたので，とても勉強になりました。午後の討論会で，女性就業について北京外大の学生と討論してみて，日本と中国では，女性が働くことに関して意欲や意識が大きく違うなという印象を受けました。北京外大の学生が，女性就業に関する資料をたくさん準備して，私たちと共有してくれたのでとても助かりました。提供していただいた資料は，今後しっかり活用していきたいと思います。（野村）

11月2日㈪

　座談会1日目。今日から調査が始まりました。午前中は保利集団傘下の中国中軽国際控股有限公司の方からお話をうかがい，午後からはトヨタ自動車（中国）投資有限公司の方からお話をうかがいました。中国での国有企業のビジネスの現状や日本企業の中国現地での戦略など企業のリアルな部分のお話をうかがうことができ，学ぶことが多い1日でした。質疑応答ではそれぞれの企業で働く人の本音を聞き出すということにとても苦労しました。しかし，聞き方や内容を工夫しながら質問すること

ができました。明日以降も，報告会に向けて調査を頑張ります。（稲垣）

11月3日㈫

　外語教学与研究出版社と上海瑞茵健康産業有限公司開心農場との座談会を行いました。昨日とは異なり，中国語で質問をするため不安に感じていましたが，企業の方は熱心に私の拙い中国語を聞き答えてくださいました。今日で講義や討論会，企業座談会の日程は終わりました。今年は新型コロナウイルスの影響により，オンライン現地研究調査となりましたが，中国社会の現状を日本と比較しながら考える良い機会でした。明日からは，この研究調査で学んだことを活かして，報告会に向けてのPPTや原稿作りに励みたいと思います。（大村）

11月12日㈭

　座談会から昨日まで調査後の報告書の締め切りに追われ自分の要領の悪さを痛感しメンバーにも迷惑をかけた部分もあり，ここ最近は朝起きるとその自分の至らない部分が頭の中で回っており，今日も何とも言えない気持ちで報告会のリハーサルをしました。そして先行研究よりも調査後の大学側から与えられた期間（締め切り等）が極端に短いことには疑問がありますが，もうそれは仕方がないと思うしかないこの現状さえも悲しいです。

（柴田）

11月14日㈯

　今日は報告会の本番でした。春学期から研究してきた内容と今回の座談会での調査結果を含めて，今までの成果をしっかり発揮できました。オンラインという形で直接対面することは叶わず残念でしたが，討論会や講評など中国の学生からたくさんの刺激を与えてもらいました。チームとの連絡もメールだけのやりとりでなかなか話が進まないこともあり，大変でしたが，皆で協力しあって無事発表が終わってよかったです。（水谷）

第3章

農村観光は持続可能なのか？
──過疎化から見る農村

【農村観光チーム】

I　持続可能な農村部とは
──日中比較考察

岸浪ゆめ

はじめに

　中国では人民公社解体後の市場経済化による戸籍制度緩和に伴い，農村から労働力が都市部へ流出する出稼ぎ労働者が増えている。若者が出稼ぎに行く主な理由としては，所得の向上や家族の扶養のための収入の確保である。この農村の労働力の流出に伴って「三農問題」[1]や「留守老人」[2]，「中国の都市と農村の二元構造」[3]，「農村部の過疎化」などさまざまな問題が生じている。若者の都市部への流出により，農村部では農業の発達が見込めず，農村地域における経済の基盤と社会機能の維持が危惧されるようになってきた。そこで，日本の過疎化が進む地方と中国農村を比較し，両国における持続可能な発展のための案を考察していく。

　まず，農村における持続可能性とは何なのかを考える。持続可能な農村とは，ここでは各農村が経済的に独立し，安定して活動できる状態であると定義する。今回は「持続可能」を経済面と社会面の二方面から考える。中国と日本の農村では過疎化が深刻な問題となっている。両国それぞれに合った農村観光形態を見出していく。

　中国の農村で起きている過疎化の主な原因は出稼ぎによる人口の流出であるが，それに対して日本における主な過疎化の原因は少子高齢化による人口の減少と考えらえる。また，農村における雇用問題として，従業員の高齢化と，観光業に労力を使うことによって本業である農業への影響が懸念されるなどがある。これらの問題を踏まえたうえで，農村観光の持続可能性について考えていく。

1　先行研究

(1)　中国農村部の現状と課題

　中国の農村での過疎化の原因は，出稼ぎによる若者の流出が主に挙げられる。若者が出稼ぎに行く主な理由は，所得の向上や老親の扶養のための収入の確保である。はじめは農村からの労働力の流出は低賃金労働力を提供し，国の経済発展に貢献するだけではなく，農業従事者の減少により農業生産が効率化され，農業生産性が向上することで，農村地域の貧困問題の解決に貢献すると考えられていた。人民公社解体後の市場経済化により戸籍制度が緩和され，農村労働力の流出が促進，都市部の未熟練労働市場において供給不足が発生し，それに伴い労働者の賃金が上昇した。これらの背景により，農村の若い労働力が過剰に流出した。そのなかでも農村部近くの都市に出稼ぎに行くよりも，泊まり込みで他の省に出稼ぎに行く人が多い傾向がある。これにより農村部では，若い労働力が不足し，過疎化，高齢化が進んでいる。こうして農村に取り残された老人で，孫の世話をしながら農業をしている留守老人，三農問題が深刻化した（金 2019）。

　この若者の流出（労働力の流出）の原因として，中国の農村では十分に稼ぐことができず，若い世代が都市部へ出稼ぎに行くことにある。持続可能な農村地域にするためには，農村地域で十分に稼ぐことが必要であると考える。

(2)　日本の過疎化が進んだ地方の現状と課題

　東京では人口の一極集中などの社会的課題がある一方で，地方においては，人口減少，少子高齢化，そして過疎化が進んでいて，廃村や廃集落なども進行してきている。こうした日本社会の現状では人口は急減し，人口の約 4 割が65歳以上という超高齢社会の到来は不可避になると予想される。労働人口の減少がさらに加速して，生産上昇率が低迷している状態を放置すれば，日本経済全体で成長を続けることは困難になる。地方から大都市への人口移動が現状のまま推移する場合，2040年に20〜39歳の女性人口が対2010年比で 5 割以上減少する自治体が896市町村（全体の49.8％），うち40年に総人口が 1 万人未満となる自治体が523市町村（同29.1％）となり，これらの自治体は「消滅可能性」が危惧される。さらに東京圏は超高齢化が避けられないであろう（Nippon. com 2014）。

　日本社会において，この少子高齢化の進行を遅らせることはもちろん，地方から東京などへの大

都市への人口流出を抑え，地方の過疎化や廃村や廃集落の進行を止める必要があると考える。

2　日中における過疎化の相違

　中国農村部と日本の過疎化地域の現状を比較すると，中国農村部では十分に所得を得られないため，都市部へ出稼ぎに行くという労働人口の流出による農村部の過疎化である。一方，日本の過疎化地域では，地方に働く場所がないために，働く場所を求めて都市部へ若者が流出する。したがって，日中両国どちらとも，過疎化の原因は地方から都市部への労働人口の流出であることがわかる。しかしながら，このような現状に至った背景には両国の明らかな違いがある。まず，中国農村部では，家族の扶養のため，農業では生計が成り立たない。農村で出稼ぎよりも稼ぐことが可能になれば，過疎化は止まる可能性がある。それに対して，日本の地方では少子高齢化にともない年々，農村の高齢化や過疎化が進んでいる。自治体の諸事業や，農村観光を通して地域の魅力を引き出し，移住，定住者を獲得する動きがなされている。

　このような背景，問題点の違いにより，過疎化の解決には異なる対策を考える必要がある。

　中国農村部における過疎化の課題として，以下の 4 つが挙げられる。1 つ目は，若者の出稼ぎによる人口減少，2 つ目は過剰な出稼ぎによる労働力不足，3 つ目は農業だけの稼ぎでは家族を養えない。その結果，4 つ目の留守老人，三農問題が深刻化した。中国では過疎化の原因は農村では十分に稼ぐことができないため，若い世代が出稼ぎに行くことにある。農村で充分に所得を得ることができるようになればおのずと過疎化は解決されるだろう。

　それに対して，日本の地方における過疎化の課題としては以下の 5 つが挙げられる。1 つ目は少子高齢化による人口減少，2 つ目は高齢化による労働力不足，3 つ目は後継者不足，4 つ目は高齢化した村に若者が入りづらい，5 つ目は以上の原因によって行政の維持が困難になる。農村における持続可能性と過疎化対策から見ると，都市部からインストラクターとしての若い世代の受け入れ，将来的な移住者の受け入れを想定した観光体制，定住者の確保が今後重視すべき点であると考える。

3　農村観光による持続可能な農村部へ

　農村観光とは，「農業を基幹とした観光活動である」と定義する。この中には農業関連行事のほか，グリーン・ツーリズム，エコツーリズムが含まれる。また，ウォーキング，登山，乗馬，魚釣り，狩猟，あるいは民俗体験，文化や伝統と触れ合うこともここに含まれる概念であると定義している。上記のような定義を踏まえた上で，本稿では，農村観光を次のように整理する。「農村観光」とは，都市生活者が農村での空間的なゆとりと安らぎを求め，農村の自然景観を観賞するため，休暇を農村で過ごすというツーリズム活動の一形態である，と定義する（梁 2018）。

(1)　中国農村における農村観光

　農村部を発展させるためには組織化によって基盤産業である農業の安定的な生産を図ると同時に，農業の高付加価値化を目指して生計を安定させることが合理的であると考える。このまま農業を発展させようとすると得られる収入が低く，出稼ぎに行かざるを得ない状況となるだろう。例えば，農村部に工業を発展させようとすると大きな土地はあるが，人員の確保や材料の獲得が難しい。このようなことから，農村部に新たな高付加価値を生み出す案として「観光」が挙げられる。農村観光は，農村部にもともとある資源や伝統に付加価値をつけることができる。さらに，農村観光を行うことで，都市から農村へと人を呼び込むことができ，二元構造社会の撤廃も期待できるだろう（劉 2013）。

　農村部で収入を増やすことができれば，都市と農村の格差が減り，出稼ぎに行く必要もなくなり次第に農村部に人が戻るだろうと考える。これを成功させるには，農村観光のための開発，見直しが必要である。開発，見直しを進める上で，政府に頼って観光開発をするより，今後顧客になるだろう周辺都市の自治体や，資本家，人々と一緒にニーズに応えられる開発をして行く必要があると考える。また，周辺都市の修学旅行の受け入れ先としての開発も進めてはどうだろうか。最初は農

民だけの知識では難しいはずであるから，外部から専門のインストラクターを派遣し，従業員の育成をする必要がある。観光業での収入が安定するまでの間は政府の金銭的補助が必要になることが予想される（梁 2018）。政府に資金的協力をしてもらいながら，観光開発で安定的な所得が得られようになれば，これからの農村部は若い世代が出稼ぎではなくて，農業と観光で働く時代がくるだろう。

（2）日本における農村観光

日本の農村においては少子高齢化による人口の減少，高齢化による労働力不足，後継者不足，行政維持の困難，そしてこれが原因で若者がなかなか移住できない，という大きく5つが課題として挙げられる（総務省 2017）。過疎化の進行は，その地域に住む人が利用するインフラや医療体制が維持できなくなるだけではなく，過疎地域のほとんどが農林水産業の担い手であり，食料供給といった面で都市部の生活を支えているため，都市部の生活にも広く影響を及ぼす可能性がある。また，広い面積を占める農地や森林の保全を通じて，都市部も含めた環境維持や温暖化対策にとって大きな役割を果たしているため，その機能を維持することは重要課題となっている。そのため，過疎地域では都市部からの移住者を増やすと同時に，農業人口を増やすことが重視されるべきである。「農村観光」は，地域の魅力を最大限に引き出すことができ，都市部からの移住者を獲得できれば，持続可能な農村地域になると考える。

（3）座談会より

現地研究調査の座談会では，保利健康産業投資有限公司と中国中軽国際控股有限公司で取り組まれている「ふれあい農場」について聞くことができた。この活動は，若い人が農業についての知識を増やすために，農業経験が少ない若者を中心に農業体験を行うものである。このような体験を通して，都市部の人が農業に関心を持ち，都市部と農村部の人やモノ，資金の移動が盛んになると，都市と農村経済は循環するだろう。「ふれあい農場」のような活動は，都市の人々が農業を知る活動であることから，将来的には都市と農村の格差を減らすこともできるのだろうと考える。

まとめ

中国農村の過疎化の特徴は，出稼ぎによって進行している。中国の農村部では，農業だけの収入で家族を養うことが難しい場合が多く，現状として多くの若者人口が流出している。解決策としては，農村で出稼ぎ以上に所得を得ることが大切である。これに対して日本における過疎化の特徴は，少子高齢化にともなう農村の高齢化によって，過疎化が進行しているということである。解決策としては，都市部から移住者を獲得し農業を衰退させないようにすることだと考える。

日中における過疎化の比較より，持続可能な農村にするためには，人材，資金，労働力の3つの要素が必要であることがわかった。中国農村においては，政府による資金と知識を持った人材が必要であり，日本農村においては，労働力が必要であるということがわかった。持続可能な農村地域にするために，農村と観光の両面の特性を持ち合わせた「農村観光」という1つの方法を提案する。

注
1）三農とは農村，農業，農民を指し，三農問題とは，中華人民共和国における農村，農業，農民の問題を特に示し，経済格差や流動人口等を包括した中国の社会問題となっていることである。Wikipedia「三農問題」https://ja.wikipedia.org/wiki/%E4%B8%89%E8%BE%B2%E5%95%8F%E9%A1%8C（アクセス日：2020.9.24）
2）留守老人とは，農村部で若い夫婦が出稼ぎに出てしまい，年老いた配偶者や残された孫，あるいは独りきりで暮らす老人のことである。中日辞書 北辞郎 検索―留守老人 http://www.ctrans.org/search.php?word=%E7%95%99%E5%AE%88%E8%80%81%E4%BA%BA&opts=ex（アクセス日：2020.9.24）
3）二元構造とは80年代末からいわれている中国社会において完全に分断された2つの社会，すなわち農村社会と都市社会が存在していること。都市戸籍者は，国が提供する計画的な食料の供給，統一的な就職，就職配置政策，医療保険制度などの社会保険制度，住宅供給などの福利厚生を享受できるが，農村戸籍者にはこれらの便宜がない。労働政策研究・研修機構「人口移動と進展する戸籍制度改革」https://www.jil.go.jp/foreign/jihou/2005_3/china_01.html（アクセス日：2020.9.24）

参考文献
金湛（2019）「中国山間地域における労働力の流出と農業経営への影響―湖北省麻城市の事例―」『ICCS 現代中国ジャーナル』第12巻第2号，pp. 1–15.

総務省（2017）「過疎化対策の現状と課題」 https://www.soumu.go.jp/main_content/000513096.pdf（アクセス日：2020.12.3）

梁春香（2018）「観光対象としての現代農村観光に関する研究—日中両国の農村観光を対象として—」『観光学研究』第17巻，pp. 65–78.

劉蘭芳（2013）「中国における都市近郊及び中山間地域住民の農村観光振興に対する意識の比較分析：遼寧省における大連市及び建昌県を事例として」『日本国際観光学会論文集』第20巻，pp. 69–74.

Nippon.com（2014）「50年後 1 億人維持を国家目標に—日本の人口—」 https://www.nippon.com/ja/features/h00057/#:~:text=%E6%97%A5%E6%9C%AC%E6%94%BF%E5%BA%9C%E3%81%AF%E3%80%816%E6%9C%88,%E3%81%AF%E8%B8%8F%E3%81%BF%E8%BE%BC%E3%81%BE%E3%81%AA%E3%81%84%E6%96%B9%E9%87%9D%E3%81%A0%E3%80%82（アクセス日：2020.9.24）

II　持続可能な農村観光
——長野県飯山モデルと上海モデル

蓑田聡幸

はじめに

近年，現実的な日常生活から抜け出し自然に触れる，農業体験をするなどといった非日常体験を行う，農村観光の人気が高まっている。農村の過疎化が進む現代において，これらの農村観光は持続可能なのかについて，中国と日本両国の問題点や可能性に触れつつ述べていきたい。

1　調査目的・問題意識

まず，農村における持続可能性とは何なのかを考えたい。筆者ら農村観光チームが定義した持続可能な農村とは，「各農村が経済的に独立し，安定して活動できる状態」である。今回は「持続可能」を経済面と社会面の両面から考えて，両国のそれぞれに合った農村観光形態を見出していく。

中国と日本の農村では過疎化が共通する問題となっている。中国の農村で起きている過疎化の主な原因は出稼ぎによる人口の流出であるが，日本における主な過疎化の原因は少子高齢化による人口の減少である。また，農村における雇用問題として，従業員の高齢化と，観光業に労力を使うこ

とによって本業である農業への影響が懸念されるなどがある。これらの問題を踏まえたうえで，両国における農村観光の持続性について考えていきたい。

2　日本の取り組み

（1）日本の過疎化の現状

まず，日本における過疎化が進んだ市町村の数は797で，これは全国の市町村数の46.4％にのぼっており，過疎地域の面積は58.7％を占めている（総務省 2015）。また，農村観光の担い手である農山漁村地域の人口減少と高齢化は近年進行している（農林水産省 2014）。過疎の集落や市町村では働き口が減少しているほか，耕作放棄地の増大や住宅の老朽化，空き家の増加だけでなく，獣害や病虫害等といった問題が発生している（国土交通省 2018）。商店やスーパーの閉鎖，公共交通機関の利便性の低下，医療体制が維持できなくなるなどの問題が進行し，地域住民の生活水準を維持できなくなっている地域も多くなっている（株式会社土地ハック 2019）。そして，過疎地域のほとんどが農林水産業の担い手であり，食料供給といった面で都市部の生活を支えているため，農村部の機能低下は都市部の生活にも広く影響を及ぼす。また，広い面積を占める農地や森林の保全は，それらを通じて都市部も含めた環境維持や温暖化対策にとって大きな役割を果たしているため，その機能を維持することは重要課題となっている（Nippon.com 2014）。

総務省（2017）は日本における過疎化の課題を具体的に次の 5 つに分けた。すなわち，少子高齢化による人口の減少，高齢化による労働力不足，後継者不足，行政維持の困難，そしてこれが原因で若者がなかなか移住できないことである。

（2）観光客の年齢構造

2016年 2 月に行われた調査によると，グリーンツーリズムのモニター参加者は，60代以上の比較的年齢が高い層の参加者が多い（表 1）。この結果はグリーンツーリズムへの年齢別のニーズを反映していることが言えよう。

また，参加者の居住地を問う質問では，都市地域と答えた人が91.6％と，都市地域からの参加者

表1　グリーンツーリズム参加者年齢層

10代以下	20代	30代	40代	50代	60代	70代以上
14%	12.6%	5.6%	16.1%	9.8%	23.8%	16.8%

出所：農協観光（2016）より作成。

が非常に多く，グリーンツーリズムは都市に住む人々からの需要が高いことがわかる。

　次に日本の農村観光における農家への影響について考える。日本のグリーンツーリズムを営む家族構成は一世代が41.2%，二世代が34.2%，三世代が18.4%となっている（観光と連携したグリーンツーリズムの推進　2016）。一世代で営むケースが4割を占めているために，繁忙期の人手不足が深刻な状況になっている。また，観光業を営む農家への影響として，旅行客がいることの精神的負荷，体力的疲労などが考えられる。これらの農村の現状とニーズ，農家への影響を踏まえ，日本での持続可能な農村観光に必要な要素は以下のように考えられる。

① 若者の移住者，定住者獲得
　人口の減少，高齢化が進む農村での若者の獲得
② 労働の分担，高齢化した農家への負担軽減
　グリーンツーリズムを一世代で営む農家の仕事量の軽減。また，高齢者への補助
③ ニーズの理解
　高年層の需要が高いグリーンツーリズムでの観光客のニーズ
④ 農業への新規参入を容易にする
　農業への新規参入者に対する農業知識，技術の普及と資金面の支援

(3)　農村観光の新しい形

　従来の観光スタイルは農家への負担が多く，持続性がないため，本業である農業への影響や，観光サービスの質が落ちることが懸念される。このような問題を解決するための取り組みを紹介したい。図1の通り，「宿泊」を農家，「食事」を飲食店，「体験」を施設等に分担する。これにより農家の負担を軽減することができるほか，それぞれのサービスの質の向上，雇用機会の増加，消費機会の増加が望まれる。

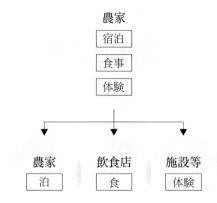

図1　農村観光の新しい形
出所：安心院NGT（2020）より作成。

(4)　若者を農村に勧誘する取り組み

　農村の人口減少と高齢化は，農村の持続可能性に直接関係している。ここでは，長野県飯山市で展開されている「百姓塾」と「ふるさとの出発点」という2つの事業について紹介したい。

1)「百姓塾」

　この取り組みは5〜11月の間，月に1〜2日程度の日帰り講座が計10回行われる農業体験講座で，主に農業に興味がある人を受け入れ，下高井農林高校と飯山市が連携して実施している実践的な講座である。この講座では野菜の苗付けから収穫，加工，販売までを日帰りで体験するものであり，参加費は無料となる。農業の入り口のハードルを下げることで，飯山市への移住，そして農業の活性化を狙っている。

2)「ふるさとへの出発点」

　この取り組みは200m²の畑つきの部屋に，20〜100泊の素泊まりをし，畑のある生活を通じて農業への興味を持たせるとともに，外部から人を受け入れることで，地域活性化を狙っている。また，これらの事業は外部から若いインストラクターを受け入れており，過疎化防止にも一役買っている。

3　中国の取り組み

(1)　中国農村の過疎化の現状

　中国の農村での過疎化の原因は，出稼ぎによる若者の流出が主に挙げられる。若者が出稼ぎに行

く主な理由としては，所得の向上や老親の扶養のための収入の確保である。最初は農村からの労働力の流出は低賃金労働力を提供し，国の経済発展に貢献するだけではなく，農業従事者の減少により農業生産が効率化されることで，農業生産性が向上し，農村地域の貧困問題の解決に貢献すると考えられていた。戸籍制度が緩和され，農村労働力の流出が促進，都市部の未熟練労働市場において供給不足が発生し，それに伴い労働者の賃金が上昇した。これらの背景により，農村の若い労働力が過剰に流出した。そのなかでも山間部では近くの都市に出稼ぎに行くより，住み込みで他の省に出稼ぎに行く人が多い傾向がある。これにより農村では，若い労働力が不足し過疎化や高齢化が進んでいる。これに伴い，農村で取り残された老人で，孫の世話をしながら農業をしている留守老人や三農問題が深刻化してる（金 2019）。

(2)　中国農村の社会問題

中国の農村地域では深刻な三農問題と留守老人の問題を抱えている。三農問題とは，農民，農村，農業の三つの水準が，いずれも低いことを指し，経済格差，流動人口等を総括した中国の社会問題である。三農問題が起こると，収入を求めて農民が農民工として出稼ぎに出かけるようになり，その結果農村が廃れてしまう構造となる。

留守老人とは，農村に残された高齢者のことで，多くは貧しい生活を送っており，農業をしながら孫の世話をするという重労働を強いられることが多い。この 2 つの問題の解決は中国の農村社会における経済発展だけではなく，人口再生と社会存続にも極めて重要な意味を持つ。

以上のことを踏まえ，中国農村の持続的発展を目指すには次の問題を解決しなければならない。1 つ目は若者の出稼ぎによる労働力不足の問題である。出稼ぎによる労働力不足は，農村社会の機能停止をもたらす危険性があり，そのため中国農村には若者の流出を止める産業が必要である。2 つ目は農業による低所得の問題である。農業だけの稼ぎでは家族を養えないことは出稼ぎの根本的な原因であり，農業のほかに副業による労働機会の創出を考えることが必要である。この 2 つの問題を考慮して，次では中国におけるグリーンツーリズムの発展する可能性について考えてみたい。

(3)　中国におけるグリーンツーリズムの発展に必要な条件

中国農村の観光の魅力に関して，「自然と触れ合って，ゆっくり過ごすこと」と答えた住民は都市近郊で多くの割合を占めている。山間部の農村にはそのニーズを満たす観光資源が多くあり，山歩き，自然散策など自然と触れ合うニーズが多い一方で，地域の文化，地域の祭りなどの関心は低いのが現状である。これらを踏まえて，中国山間部の農村観光は自然を大切にしつつ，受け入れ先の整備や，インフラ整備をする必要がある。

中国の農村の持続的な観光開発を実現するには次の条件が必要と考えられる。

① 豊富な自然的観光資源の有効活用
　　ニーズに適した環境が豊富であるので，そのよい環境を生かした観光地づくり
② 受け入れ体制の整備
　　観光客が利用する宿泊施設や体験場など，観光地として機能するための整備
③ 所得の確保
　　農村で得る所得を増やし，出稼ぎによる若者の流出の防止

(4)　中国における自然教育と農村観光

建国以来，中国政府は，学生の徳育，知育，体育，美徳などの総合的な教育を重視してきた。そのため，中国政府および中国社会は学校外教育である野外活動を重視するようになり，児童・生

表 2　自然教育活動事例

場所	人数	活動内容	財源
内モンゴル	700人	ビーチバレー，綱引き，ゴルフ	無料(宝くじ公益金の運用)
東方緑舟	300人	テントはり，射撃体験，リバーラフティング	学生負担：210元 政府補助：150元

出所：国立青少年教育振興機構（2013）より作成。

徒・学生の心と体の健全な成長と発展を目標に，力を入れている。財源は政府による助成と宝くじ公益金が充てられた。表2のような活動では，日常ではできない射撃体験や自然と触れ合うことができる。農村観光も青少年教育活動の受け入れ先としての整備をし，この活動を活発化させることで，上述した3つの条件が満たされ，農村地域の持続的な展開につながる可能性が考えられる。

現地調査の座談会にて，上海瑞茵健康産業有限公司が行っている「ふれあい農場」という活動について知った。この活動は，小中学生などの若い人向けに田植えなどの農業体験を行うもので，中高年層には観光を目的とした顧客獲得の動きがみられる。これらの体験を通して，若者が農業について知る機会を得ることができる。そしてふれあいや食材の紹介を通じて農業，健康に関する知識を伝え，大都市である上海のニーズ獲得に成功した。将来，農業の展望を目指すなら，このモデルに倣った動きを広めるべきだと考える。

まとめ

日本における過疎化の特徴は，少子高齢化にともなう農村の高齢化によって，過疎化が進行しているという点である。過疎化の防止・解決策として，今回取り上げた長野県飯山市のように，自治体のさまざまな事業や，農村観光を通して地域の魅力を引き出し，移住・定住者を獲得する動きが多く見られる。

他方，中国の農村の大きな問題は，農村の過疎化が，出稼ぎによって進行している点となる。中国の農村部では，農業だけの収入で家族を養うことが難しい場合が多く，現状として多くの若者が流出している。農村地区で，出稼ぎよりも収入の多い観光業を開発することができれば，過疎化の防止や解決につながる可能性がある。

持続可能な農村観光について，日本は，ほとんどの地域において経済的な問題を抱えることは少ないが，労働力不足が深刻である。過疎化の対策として，将来的な移住者の受け入れを想定した観光体制，移住先の確保に関する検討が必要となる。

中国における過疎化の原因は，農村では十分に稼ぐことができないため，若い世代が出稼ぎに行

くことにある。したがって，農村で出稼ぎ以上に収入を得ることができるようになれば，過疎化が解決される。そのためには，農村観光のための開発，見直しが必要であり，政府による観光開発も重要ではあるが，顧客のニーズを把握して，周辺都市の自治体，資本家，住民による観光開発も重要な手段となり得る。農民主導の開発が困難と考えられるため，梁（2018）が指摘するように，外部から専門のインストラクターを派遣し，従業員の育成，観光業での収入が安定するまで，政府による援助が必要になる。

参考文献

総務省（2015）「過疎対策の現況」 https://www.soumu.go.jp/main_sosiki/jichi_gyousei/c-gyousei/2001/kaso/kasomain8.htm（アクセス日：2020.12.22）

総務省（2017）「過疎化対策の現状と課題」 https://www.soumu.go.jp/main_content/000513096.pdfhttps://iccs.aichi-（アクセス日：2020.12.1）

国土交通省（2018）「空き家等の現状」 https://www.mlit.go.jp/common/001172930.pdf（アクセス日：2020.12.22）

農林水産省（2014）「人口減少社会における農山漁村の活性化」 https://www.maff.go.jp/j/nousin/nouson/bi21/pdf/siryo21.pdf（アクセス日：2020.12.22）

株式会社土地ハック（2020）「限界集落が意味する問題点とは」 https://tochi-hack.com/genkai-shuraku/（アクセス日：2020.12.22）

Nippon.com（2014）「50年後1億人維持を国家目標に―日本の人口―」 https://www.nippon.com/ja/features/h00057/#:~:text=%E6%97%A5%E6%9C%AC%E6%94%BF%E5%BA%9C%E3%81%AF%E3%80%816%E6%9C%88,%E3%81%AF%E8%B8%8F%E3%81%BF%E8%BE%BC%E3%81%BE%E3%81%AA%E3%81%84%E6%96%B9%E9%87%9D%E3%81%A0%E3%80%82（アクセス日：2020.12.1）

株式会社農協観光（2016）「観光と連携したグリーンツーリズムの推進」 https://www.maff.go.jp/j/nousin/kouryu/pdf/zentai_noukyou.pdf（アクセス日：2020.12.1）

安心院 NGT（2020） https://www.ajimu-ngt.jp/nouhaku/（アクセス日：2020.12.22）

飯山市（2020.3.28）「飯山市グリーンツーリズム事業の取り組みについて」 https://www.city.iiyama.nagano.jp/soshiki/shoukou/kankou/greentourism/green（アクセス日：2020.12.1）

金湛（2019）「中国山間地域における労働力の流出と農業経営への影響―湖北省麻城市の事例―」『ICCS現代中国ジャーナル』第12巻第2号，pp. 1–15.

劉蘭芳（2013）「中国における都市近郊及び中山間地域住民の農村観光振興に対する意識の比較分析：遼寧省における大連市及び建昌県を事例として」『日本国際観光学会論文集』第20巻，pp. 69–74.

梁春香（2018）「観光対象としての現代農村観光に関する

研究―日中両国の農村観光を対象として―」『観光学研究』第17巻，pp. 65-78.

国立青少年教育振興機構（2013）「中国における青少年教育施設等の調査報告」　http://www.niye.go.jp/kanri/upload/editor/73/File/7China.pdf（アクセス日：2020.12.22）

III　過疎化から見る日中グリーンツーリズムの持続性

渡邊涼乃

はじめに

　一般的に言えば，グリーンツーリズムとは，「農村地域および農事に関わる風土・風物・風習・風景を組み合わせた農村情緒を吸引物とし，観光客を惹きつけ，休暇・余暇・体験および学びを行う観光活動」である（黄・李 2016）。日本の農林水産省はグリーンツーリズムを具体的に「農山漁村地域において自然，文化，人々との交流を楽しむ滞在型の余暇活動」と定義して，1990年代から，「農山漁村でのゆとりある休暇」を提唱し始めた。グリーンツーリズムには，日帰り型と宿泊・滞在型がある。日帰り型は，イチゴ狩りや芋掘りなどの観光農園を利用するものが多い。宿泊・滞在型は農家民宿や交流目的の公的施設に宿泊し，郷土料理の賞味，農産物加工体験，農作業体験，農村

生活体験などが挙げられる。

　近年，グリーンツーリズムの主な顧客である都市住民の間では，付加価値の高い食材や観光，教育，福祉などへのニーズが高まりつつある。しかしその一方，日本の農村では少子高齢化に伴い，人口が減少し，地域活力の低下や地域コミュニティの存続などの問題が日々深刻化してきた。このような状況において，これらのグリーンツーリズムは持続可能なのか，農村社会は持続可能かどうかを社会全体で考えなければならない。

　ここでは農村における持続可能性を「各農村が経済的に独立し，安定して活動できる状態にあること」と定義する。今回調査では，この持続可能性を経済面と社会面の二方面から考え，中国のグリーンツーリズムを中心に，日中両国の状況を比較しながら，検討を行った。

1　先行研究

（1）日本における少子高齢化の状況

　少子高齢化に伴い，2017年まで日本の市町村のうち47.6％は過疎化が進んでいる（図1）。過疎化の進行に伴い，集落や市町村では働き口が減少しているほか，耕作放棄地の増加や住宅の老朽化，空き家の増加などの問題が発生している。また，過疎化の影響を受け，農業の労働力不足や後継者不足，行政維持が困難などの問題が発生している。さらに，商店やスーパーの閉鎖，公共交通

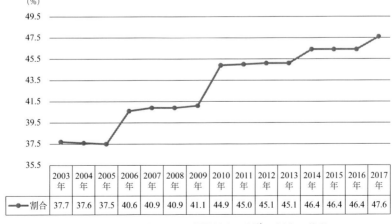

	2003年	2004年	2005年	2006年	2007年	2008年	2009年	2010年	2011年	2012年	2013年	2014年	2015年	2016年	2017年
割合	37.7	37.6	37.5	40.6	40.9	40.9	41.1	44.9	45.0	45.1	45.1	46.4	46.4	46.4	47.6

図1　市町村に占める過疎関係市町村[1)]の割合の推移

出所：総務省「過疎地域の現況」https://www.soumu.go.jp/main_content/000569949.pdf より筆者作成。

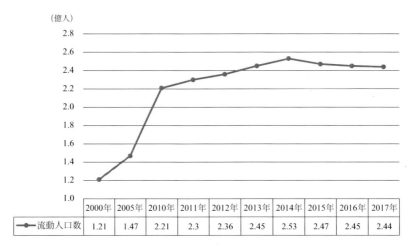

（億人）

	2000年	2005年	2010年	2011年	2012年	2013年	2014年	2015年	2016年	2017年
流動人口数	1.21	1.47	2.21	2.3	2.36	2.45	2.53	2.47	2.45	2.44

図 2　中国の流動人口[2)]数（億人）の推移

出所：中国統計年鑑　2018年度版　https://spc.jst.go.jp/statistics/stats2018/index.html より
　　　筆者作成。

機関の利便性の低下により，地域住民の生活水準の維持が困難な地域が増える一方である。このように，過疎化が産業の衰退，生活の不便を作り出し，それによって更なる過疎化を呼ぶような負の連鎖が日本全国各地で生じている。

　農村の観光地では，民宿の経営者・従業員の約70％が60歳以上の高齢者であるケースが多い。さらに，これらのほとんどの高齢の経営者・従業員が農業と同時に民宿業に従事している。農業と観光業を兼業することによって，繁忙期の著しい労働力不足と日常的な精神的負担や身体的疲労などが農家の日常生活に深刻な影響を与えることも考えられる。従来のグリーンツーリズムのスタイルは，宿泊，食事，体験のすべてを農家が担うことが多いため，農家にかかる負担が極めて重い。その結果，観光サービスの質を低下させ，観光客の減少を招いてしまう。そして，観光客の減少は農産物の販売量の低下につながり，最終的に農村経済の持続性の低下をもたらす。以上の問題を解決するには労働力の補充は重要ではあるが，日本では農業の 3 K （「きつい・汚い・危険」の略）労働のイメージが社会に深く根付いており，それに加え，新規就農に対する資金面・技術面・農村社会面のハードルの高さなどが新たな参入を阻止して，農村・農業の労働力不足の解消を妨げている。この状況を打破するため，各自治体が努力を

重ねて問題を解決する糸口を探っている。

　例えば，長野県飯山市は，この労働力不足を解決するために，若者を農村に誘致する活動を行っている。それは，日帰り型の「百姓塾」と滞在・宿泊型の「ふるさとへの出発点」である。「百姓塾」とは，農業に興味がある人に向けた実践的なもので，野菜の苗付けから収穫，加工，販売までを一日で体験する日帰り講座である。「ふるさとへの出発点」は，200m[2]の畑付き家屋に20〜100泊の素泊まりができる体験である。畑のある生活を通して，農業へ興味を持たせる狙いがある。これらの活動で農業の敷居を下げ，農業の活性化と体験者の飯山市移住を狙っている。また，飯山市に一年間滞在することを条件に，これらの活動で外部から若いインストラクターを受け入れており，過疎化防止にも一役買っている。

　観光面での農家の負担が多いことに関しては，「宿泊」「食事」「体験」の分離を行うことで解決できるのではないかと考える。宿泊は農家，食事は飲食店，体験は施設という風に分担することで，サービスの質の向上を目指すほか，雇用機会の増加も狙える。

（2）　中国の状況

　一方中国の農村では，出稼ぎによる若い労働力の都市流出が多くみられる（図 2 ）。1978年の改革開放以来，中国の経済及び社会の発展と都市化

の進展に伴い，農村の労働者は，家庭の所得の向上や老親や子どもの扶養のための収入確保を目指し，農村を離れて都市へ出稼ぎに行く人が増加した（麗 2020）。当初，農村の余剰労働力の流出は，国全体の経済発展に貢献するだけではなく，農業従事者の減少により農業生産が効率化され，農業生産力が向上し，それに伴い農民の所得を上昇させることが期待された。

また，中国には特有の戸籍制度がある。これにより，国民を都市住民と農村住民に二分化し，都市部と農村部を隔てる社会の二重構造が形成されている。都市部において土地は国有であり，交通網，通信網，教育施設，生活基盤の整備等のすべては政府の財政投資で建設される。それに対して，農村地域では土地が基本的に村民の集団所有であり，その地域のインフラ整備は村民の積立金や出資金によって賄うことになっている。さらに，都市住民は国からの手厚い保護を受け，就職，住宅，医療，老後などの社会保障を享受できるが，農村戸籍を持っている農村住民は教育，住宅，医療，老後において，国からの援助はほとんど得られず，自力で解決するしかない状態にある。このような制度下により，都市と農村住民との間に，所得水準，受ける教育のレベル，社会保障等において，大きな格差が生じている（王 2003）。

2000 年初期，この戸籍制度の緩和と同時に，都市の未熟練労働市場における供給不足が発生した。それに伴い，労働者の賃金が上昇した。この状況を受け，農村を離れ都市へ行く労働者が急増し，農村の若い労働力を過剰に流出させた。住み込みで他省に出稼ぎに行く者も多く，留守老人[3]問題や三農問題[4]が深刻化している。

中国の近年における観光事業は海外旅行に並んで，観光産業を牽引しているのは都市近郊のグリーンツーリズムだと言われている。そのため，農山漁村は地域活性化のためグリーンツーリズムの導入を図るが，単なる簡易宿泊施設や農産加工施設など箱物の整備に終わってしまうケースもある。

現在の中国農村観光は，大都市周辺または近郊の農家によって運営される民宿の一種である「農家楽」という初級形態から脱却して，複合型へと転換しつつある（黄・李 2016）。

また，中国は建国以来，青少年教育に力を入れており，学生の徳育，知育，体育，美徳などの総合的な教育を重視してきた。1999 年に，国務院によって公布された「教育改革を深め，素質教育を推進する決定について」に基づいて，全国で「素質教育」[5]が推進されるようになり，さらに，2000 年初めに国務院は「青少年活動場所の整備と管理に関する通知」を公布し，青少年活動場所が確保された。そして，2000 年 10 月 9 日の全国

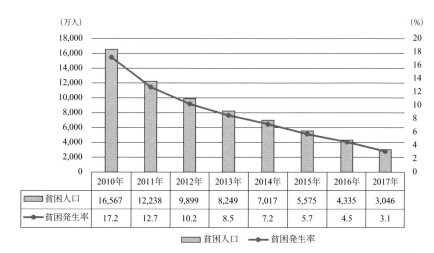

図 3　貧困人口（万人）と貧困発生率（%）の推移

出所：中国統計年鑑　2018 年度版　https://spc.jst.go.jp/statistics/stats2018/index.html より筆者作成。

青少年校外教育連席会の成立は，青少年教育への関心が全国に広がっていることを表わしている（馬 2006）。この教育のために，学校外教育である野外活動を特に重視し，児童・学生の心と体の健全な成長と発展を目標に力を入れてきた。政府は助成金や宝くじの公益金を使ってさまざまな事業を進めてきた。そのため，農村を観光だけでなく，この学校単位の野外活動，自然活動の教育の場として提供することで，中国のグリーンツーリズムは絶えることのない需要を手に入れることができるのではないかと考える。

　中国では，2010年から2014年にかけてグリーンツーリズムの開発を通じて10％以上の貧困人口の貧困からの脱却が実現でき，観光業開発に伴った貧困脱却人数が1,000万人以上に達した。グリーンツーリズムによる富民牽引効果が明らかになり，伝統的な農業から近代的な農業への転換とグレードアップ，生態環境保全および新たな農村作りに取り組むことがさらに大きな役割を果たしている。また，グリーンツーリズムは「三農（農村・農業・農民）」開発を促進し，経済構造の最適化を推進する面で重要な役割を果たし，三農問題解決も狙うことができる（黄・李 2016）。

2　調査結果

　上海には，農業を通して健康体験ができる開心農場というところがある。ここでは，農業経験はおろか，稲と麦の違いすらも知らない都市の子どもたちを対象にした農業を知ってもらうためのコースや，中高年層を対象にしたレジャー感覚の農業体験コースや，漢方薬を学べるコースもある。これらの体験を通して都会の住民が農業に興味を持ち，農村に足を運ぶ可能性を高めた。

　都市住民が農業，農村に関心を高めることによって，人，モノ，資金の移動が生まれ，消費循環の発生が農村地域に新しい情報を供給し，都市と農村経済の一体化を促進する。したがって，農村観光の活性化には，農村だけでの努力ではなく，都市や周辺地域の協力も必要である。

まとめ

　日本は人口的要因で，中国は制度的，社会的，

経済的要因で過疎化が進んでいる。日本は少子高齢化により，過疎化が進み，農業の労働力不足の問題が発生している。この労働力不足をグリーンツーリズムで解決すべく，長野県飯山市のような，農業体験を通してインストラクターとしての若い世代の受け入れや，将来的な移住者を想定した観光体制，移住先の確保が今後重要になってくる。

　一方中国では，戸籍制度で生じた都市部と農村地域での格差による貧困という社会問題が原因で農村の過疎化が進んでいる。中国は図2からも確認できる通り，農村の元々の労働力は有り余っている。しかし，働き口のない，または低賃金の農村に人が残る要素がないため，農村の労働力が都市に流出してしまうのだ。これを防ぐには，農村観光によって，都市に出稼ぎに行かずとも，農村で家計を十分に潤すことができることを証明し，農村の余剰労働力を農村に留める必要がある。

　また，グリーンツーリズムの開発が比較的に遅れた中国は，農村の過剰な観光開発により農村性の消失を防ぐために，農村開発先進国・地域の成功モデルを参考に，地域に合った開発を行っていくべきである。

注

1）過疎関係市町村とは，下記①，②または③の区域を有する市町村をいう。
　①過疎地域自立促進特別措置法の第2条第1項に規定する市町村（過疎市町村）の区域
　②過疎地域自立促進特別措置法の第33条第1項の規定により過疎地域と見なされる市町村（みなし過疎市町村）の区域
　③過疎地域自立促進特別措置法の第33項第2項の規定により過疎地域とみなされる区域（1部過疎地域）
　総務省　地域力創造グループ過疎対策室「過疎対策の現状」　https://www.soumu.go.jp/main_content/000542474.pdf（アクセス日：2020.9.27）
2）流動人口とは，通勤，通学，出張，旅行などで住んでいない別の場所を，住んでいる場所から一時的に訪れている，移動する人口のこと。
　BizXaaS MaP　https://madore.glbs.jp/glossary/glossary_ra_fluidpopulation.html（アクセス日：2020.9.27）
3）留守老人とは，若者の出稼ぎにより農村に取り残された老親のこと。多くは貧しい生活の中，孫の世話をしている。百度百科　検索ー留守老人　https://baike.baidu.com/item/留守老人/4721769（アクセス日：2020.9.27）
4）三農とは農村，農業，農民を指し，三農問題とは，中華人民共和国における農村，農業，農民の問題を特に示

し，経済格差や流動人口等を包括した中国の社会問題となっていることである。Wikipedia「三農問題」https://ja.wikipedia.org/wiki/ 三農問題（アクセス日：2020.9.27)

5）素質教育とは，教育を受けるものの全面的な資質の向上を目的とし，徳・知・体・美を活発に発展させ，イノベーション精神と実践能力の向上を重視する教育のこと。「中共中央，国務院関于深化教育 改革全面推進素質教育的決定」

参考文献

王楽平（2003）「中国の都市部と農村部における所得格差」『明治大学教養論集』通巻367号，pp. 15–29.

黄昳, 李剛（2016）「中国における農村観光開発の特徴と趨勢に関する研究」『観光研究論集』年報第15号，pp. 47–58.

農林水産省（2014）「特集 1 グリーン・ツーリズム夏の旅（1）」『aff』7月号 https://www.maff.go.jp/j/pr/aff/1407/spe1_01.html（アクセス日：2020.9.27)

馬麗華（2006）「中国の社区における青少年教育の現状と課題―北京市西城区に焦点を当てて―」『生涯学習・社会教育学研究』第31号，pp. 53–62.

麗麗（2020）「中国における農村留守児童と親をつなぐICTの活用〜出稼ぎの歴史的変遷を中心に〜」『福祉社会開発研究』第12巻，pp. 79–84.

総務省（2018）「過疎地域の現況」https://www.soumu.go.jp/main_content/000569949.pdf（アクセス日：2020.9.27)

中国統計年鑑 2018年度版 https://spc.jst.go.jp/statistics/stats2018/index.html（アクセス日：2020.9.27)

IV 過疎化と経済面から見る中国農村の持続可能性

佐藤尚輝

はじめに

　近年，農村観光（グリーンツーリズム）が世界的に流行しており，自然，農業文化，農村の人々との交流を楽しむ癒し効果が一般的に認められてきた。日本と中国では，農村観光のもう一つの側面，すなわち都市住民と農村地域の交流増加により農村地域の収益増加と地域活性化に繋がるであろうとして，観光促進による産業経済効果に力を入れている。

　特に中国は，長年の未解決課題である「三農問題」の解決策として，農村観光を政策的に推している。都市近郊の農村地域では「農家楽」という新しい中国の農村観光を代表する観光モデルが確立し，成功を収めた。しかし，目先の利益や自然を顧みない過剰な開発，人的資源が追い付かない投資といった経営者個人の問題以外にも，農村の過疎化問題，農業の後継者問題などの社会全体の問題を中国は多数抱えている。これらの問題を解決せずには三農問題の根本的な解決にならない。特に「過疎化」と「経済面」の問題は日中両国の共通する課題であり，ここでは中国農村の持続可能性について日本の農村と比較しながら考察していく。

　今回取り上げる持続可能な農村とは，各農村が経済的に独立，安定し活動できる状態であることを指す。その中で，現在中国と日本では過疎化が深刻であり，このまま過疎化が進行してしまうと，農村の維持は難しくなる。そのため，この過疎化を止めるにはどうすればいいのか。経済面と過疎化の関連性を日中比較しながら見出していく。

1 日本の過疎化と課題

　2017年4月1日時点での日本の農村地域の過疎市町村の数は817にのぼり，これは全国の市町村数（1,718）の47.6％に相当している。面積では59.7％を占めている（総務省地域力創造グループ過疎対策室 2017）。また，過疎の市町村の中には，「限界集落」と呼ばれる地域が存在する。「限界集落」は，65歳以上の高齢者が地域の住人の半数を超え，地域共同体が機能しなくなっている状態を指す。総務省によると，日本の過疎化がこれまでと同じように進む場合，2050年までには，現在人が居住している地域のおよそ2割が消滅すると予測されている（総務省地域力創造グループ過疎対策室 2017）。また，日本の農村観光の受け入れ先の経営者の70％は高齢者が経営しているという数値が示しているように深刻な労働力不足，後継者問題が発生している（総務省地域力創造グループ過疎対策室 2017）。少子高齢化による過疎化により，農地は荒れ果て，行政の収入は減少するため，地方行政の維持が困難になっていく。日本が持続可能な農村を創り上げていくには，後継者問題，受け入れ先農家の高齢化による労働力不足，人口減少に伴う行政維持の問題を解決しなければ持続可能な農村は無い。この問題を解決す

るには，後継者を外部から獲得することが必要になってくるであろう。

2　日本の農村観光客

　2016年にモニターツアーを実施し，参加者を募集したところ，参加者の年代が一番多かったのが60代でその次に40代という結果が見られた。その中での同行者は一番が知人，友人その次に家族であった。それらの参加者の9割ほどが都市近郊から観光に来ている。この結果が示すように都市周辺の40〜60代が多く参加している（株式会社 農協観光 2016）。しかし，持続可能な農村を創るには，若い世代に参加してもらい，農業や農村観光に興味を持ってもらうきっかけになることが必要である。そのためには子どもから高齢者まで楽しめる内容を作り上げ，各世代の顧客のニーズに合わせて体験が選べる様な仕組みが必要になる。

3　日本の農村観光モデルの発祥地の事例

　日本の農村観光は大分県の安心院町が発祥の地である。その地で確立された安心院方式は，1日1組を原則とし，空いている部屋や民家で宿泊し，農業体験や郷土料理作り，食事などを通じて農村のあるがままの暮らしを体験するのである。立ち上げ当初，8軒だった参加家庭は現在では60軒に増え，学生の農業体験や他地域，他国の視察研修，一般の顧客など，年間延べ人数1万人が訪れている（農林水産省 2020）。

　その結果により，農家の受入家庭60軒の年間売上は平均で約120万円，多いところでは約300万円以上まで上り，経済的効果は高く，農家の所得の向上につながっている（農林水産省 2020）。また，地域の売店での食材調達，農産物直売所や道の駅等でのお土産購入など地域経済の活性化も大きい。また，農村に住んでいて，いろいろな世代や地域の人と会話することや，交流の内容を考えるなど，農村住民の生きがいの創出につながっている。

　安心院町では本業である農業への影響，高齢化に伴う労働力不足の状況を考慮し，宿泊，食事，体験の分離，分担を行っている。宿泊は農家，食事は飲食店，体験は施設やインストラクターが担当している（安心院町 NGT コンソーシアム協会 2020）。この分担により各分野でのサービスの質の向上，農家の本業へ負担軽減，各分野での雇用機会増加，旅行客の消費機会の増加が見込める。雇用機会を創ることにより，外部から若い世代の獲得も期待できる。体験の分野では施設やインストラクターが担当することにより，農家が行うものよりも種類が多く幅の広いニーズに答えられるようになっている。

4　持続可能な農村のための日本の地方行政の取り組みと今後の課題

　先に述べたように持続可能な農村を実現するためには，後継者を農村に移住させることが必要不可欠である。そのために，長野県飯山市はさまざまな取り組みを行っている。

　飯山市の農村観光の特徴は，標高差1,000m の自然を生かし，エリアを3つに分けている。鍋倉山から千曲川のブナ林「自然林エリア」では，自然体験や環境学習ができ，国営開発農地や農家民宿街の「高原エリア」では，農林業体験と宿泊，千曲川周辺や市街地の「千曲川エリア」では，文化，歴史，カヌーの体験ができる様になっている。そのため，観光客が自由に選択し交流・体験ができる（飯山市 2020）。

　もう一つの特徴は移住，定住に力を入れていることである。交流拠点施設の「森の家」では，「1年間は市内に居住すること」を条件に，インストラクターを募集した。すると全国から約50人の応募があり，その中から選ばれた20〜30歳代の県外出身者が若者従業員として体験メニューを提供している。体験メニューは多種多様であり，専門分野で多くの若いインストラクターが活躍している。

　また飯山市では，「百姓塾」と「ふるさとの出発点」という2つの事業が展開されている。「百姓塾」とは5〜11月の間，月に1〜2日程度の日帰り講座が計10回行われる農業体験講座である。主に農業に興味がある人を年齢問わず受け入れ，下高井農林高校と飯山市が連携して実施している実践的な講座である。この講座では野菜の苗

付けから収穫，加工，販売までの工程を日帰り講座を通して農家の仕事を体験する。（飯山市2020）。参加費は何と無料である。農業の入り口のハードルを下げることで，飯山市への移住，そして農業の活性化を狙っている。

「ふるさとへの出発点」という体験は200m²の畑つきの部屋に，20〜100泊の素泊まりをし，畑のある生活を通じて農業への興味を持たせるとともに，外部から人を受け入れることで，地域活性化を狙っている（飯山市 2020）。体験を通じて，観光客が実際に飯山市に住みながら，農業に携われることで，外部からの移住を試験的に体験できるため，未体験のまま移住するよりリスクを下げることができる。

以上の通りの移住，定住を推進することで，飯山市が人口問題解決策を具体的に打ち出している。

日本の原風景を誇る当市の美しい景観，農村，自然資源を保全し，本物の素材を提供する独自のスタイルを保ちつつ，農村観光を単なる観光ではなく「交流」，「体験」とし，いっそうのリピーターを確保し，地域の活性化につなげることにある。

多種多様なニーズを的確に情報収集し，常に新鮮な情報を提供しつつ，各種体験など，この地域にしかできないブランド化も今後一層研究していかなければ，他地域との差別化は生まれないと感じられる。

無論，移住者を受け入れる地域住民の意識や受け入れるためのインフラ整備も十分整えていく必要がある。

5　中国農村の過疎化の現状と課題

次に中国の農村の過疎化について見ていく。中国の農村での過疎化の原因は，出稼ぎによる若者の流出が主に上げられる。若者が出稼ぎに行く主な理由としては，所得の向上や老親の扶養のための収入の確保である（金 2019）。

最初は農村からの労働力の流出は安い労働力を提供し，国の経済発展に貢献するだけではなく，農家の減少により農業生産が効率化され，農業の生産性が向上することで，農村地域の貧困問題の解決に貢献すると考えられてきた。しかし，戸籍制度が緩和され，農村労働力の流出が促進，都市部の未熟練労働市場において供給不足 が発生し，それに伴い労働者の賃金が上昇した。これらの背景により，農村の若い労働力が過剰に流出した。そのなかでも山間部では近くの都市に出稼ぎに行くより，住み込みで他の省に出稼ぎに行く人が多い傾向がある（金 2019）。これにより農村では，若い労働力が不足し，過疎化，高齢化が進んだ。

これに伴い，農村で取り残された老人で，孫の世話をしながら農業をしている留守老人，90年代から三農問題（農業の低生産性，荒廃，貧困）が深刻化した。これらの解決には農村地域で生活しながら，農業や農村観光などで経済的に独立して過ごすことができるようにならなければならない。どのようにすれば農村地域で十分な収入を確保でき，若い労働力の流出を防ぐことができるのかを考える必要がある。

6　調査事例と農村観光

上海瑞茵健康産業有限公司が展開する農村観光では，小中学生などの若い人向けに田植えなどの農業体験をする事業に力を入れており，中高年層にはゆっくりと農村観光を楽しむことを目的とした顧客獲得の動きがみられる。これらの体験を通して，若者が農業について知る機会を得る。将来，農業の展望を目指すなら，この動きを広める必要があるだろう。

2013年中国農村の観光の魅力に関して，「自然と触れ合って，ゆっくり過ごすこと」と答えた住民は都市近郊で多くの割合を占めている（劉2013）。中国山間部の農村にはそのニーズを満たす観光資源が多くある。山歩き，自然散策など自然と触れ合うニーズが多いが，逆に地域の文化，地域の祭りなどへの関心は低い（劉 2013）。しかし，農村住民は地域の文化，祭りに魅力があると思っている。このすれ違いは直さなければならない。これを踏まえて，中国山間部の農村観光は自然を大切にしつつ，非日常性を大切にし，受け入れ先の整備や，インフラ整備をする必要があるだろう。都市近郊の農村と違い大規模な農園モデルを作ることや，農業の機械化による効率化も難しいであろう。そのため，その地域独自のブランド

を作ることも必要になるだろう。

7　中国における持続可能な農村社会

　中国が持続可能な農村を創り上げていくには，農村地域での収入を増加，安定させる必要がある。農村では十分に稼ぐことができないため，若い世代が出稼ぎに行く。では逆に農村で出稼ぎ以上に所得を増やすことができるようになれば，おのずと過疎化は解決するはずである。しかし，山間部では農業の大規模化による収入の増加は現実的ではない。

　そこで，農村観光のための開発，見直しが必要である。そのためには，政府にたよって観光開発をすると先に述べたように，ニーズが嚙み合わない可能性がある。客になる周辺都市の自治体や，資本家，人々と一緒にニーズに応えられる開発をして行くべきだ。また，周辺都市の修学旅行の受け入れ先としての開発も進めてはどうだろうか。中国では青少年教育に力を入れており，そこには多く助成金が使われている。そこの需要を勧誘することで，中長期的な安定した収入が期待できる。

　最初は農民だけでは難しいだろう。外部から専門のインストラクターを派遣し，従業員の育成，観光業での収入の安定までの間，政府の金銭的補助は必要になるだろう。これにより農村でも安定的な所得が得られると，次第に若い世代が出稼ぎではなくて農村と観光で働く時代がくるのではないだろうか。

まとめ

　日本の農村は，ほとんどの地域において経済的に困難になる可能性は低い。しかし，少子高齢化にともなう農村の高齢化によって，過疎化が進行している。過疎化の防止・解決策として，今回取り上げた長野県飯山市のように，自治体のさまざまな事業や，農村観光を通して地域の魅力を引き出し，移住・定住者を獲得する動きが多く見られる。この農村地域への移住，定住者を獲得できた時，持続可能な農村は出来上がる。

　一方，中国の農村の過疎化の特徴は，出稼ぎによって進行している点である。中国の農村部では，農業だけの収入で家族を養うことが難しい場合が多く，現状として多くの若者が流出している。農村地区で，出稼ぎよりも収入の多い観光業を開発することができれば，過疎化の防止や解決につながる可能性がある。そのために，農村だけでなく，周辺都市の自治体や，資本家，人々，政府の教育機関等と連携しながら，ニーズに沿った観光開発をし，人材を育てていく必要があるだろう。

参考文献

総務省　総務省地域力創造グループ過疎対策室（2017.7.18）「過疎対策の現状と課題」pp. 1–38　https://www.soumu.go.jp/main_content/000513096.pdf （アクセス日：2020.9.30）

金湛（2019）「中国山間地域における労働力の流出と農業経営への影響」『ICCS現代中国ジャーナル』第12巻第2号，pp. 1–15　https://iccs.aichi-u.ac.jp/database/report/media-download/905/ （アクセス日：2020.9.29）

株式会社農協観光（2016.3）「観光と連携したグリーン・ツーリズムの推進報告書」pp. 1–102　https://www.maff.go.jp/j/nousin/kouryu/pdf/zentai_noukyou.pdf （アクセス日：2020.9.30）

飯山市（2020.3.28）「飯山市グリーンツーリズム事業の取り組みについて」https://www.city.iiyama.nagano.jp/soshiki/shoukou/kankou/greentourism/green （アクセス日：2020.9.27）

劉蘭芳（2013）「中国における都市近郊及び中山間地域住民の農村観光振興に対する意識の比較分析」『日本国際観光学会論文集』第20号，pp. 69–74　http://www.jafit.jp/thesis/pdf/13_10.pdf （アクセス日：2020.9.28）

国立青少年教育振興機構（2013）「中国における青少年教育施設等の調査報告」pp. 113–140　http://www.niye.go.jp/kanri/upload/editor/73/File/7China.pdf （アクセス日：2020.9.28）

安心院町NGTコンソーシアム協会（2019）https://www.ajimu-ngt.jp/nouhaku/ （アクセス日：2020.9.28）

農林水産省（2017）「農山漁村ナビ」https://www.nou-navi.maff.go.jp/case/detail/152/ （アクセス日：2020.9.28）

行動日誌

10月29日㈭

　コロナの影響でオンラインでの現地研究調査が始まりました。北京外国語大学の丁先生の挨拶に始まり，日本人学生と中国人学生の中国語と日本語での挨拶の時からいよいよ始まったのだと実感しました。今日の講義と討論会はお互いのことを深掘りできて有意義でした。

（佐藤）

10月31日㈯

　2日目の講座，討論会でした。講座では郷鎮企業の経済と中国における女性就業について学びました。講座での学びを踏まえて，討論会では日中両国における地域の特色を用いた産業の成功例と失敗例をそれぞれ挙げ，双方の学生の間に新しい知識が増えたとともに，新産業の可能性についての議論を通じて，成功例・失敗例が両国で似ている特徴にも気づくことができました。（蓑田）

11月2日㈪

　北京外大の農村観光チームとオンライン討論会を行いました。日中についてさまざまな視点から自由に討論し，価値観を広げる刺激的な時間となりました。現地の中国人と交流することで，日本のことについても深く考える

ことができました。（岸浪）

11月3日㈫

　今日は2日目の座談会でした。2つの中国の企業の方の話や，自分たちで考えた質問を経て，中国社会の現状や両国が参考にすべき点など，新たに知識を得ることができました。また，質問は中国語でしたため，緊張しましたが，ちゃんと聞き取ってもらえて嬉しかったです。

（渡邊）

11月12日㈭

　最後の確認となる報告会リハーサルの日を迎えました。開始時刻が14時からということもあり，ゆとりを持って準備をしました。リハーサルでは担当の先生方から最初よりは良くなっているという言葉をいただき安堵しました。リハーサルのあと北京外大の学生と本番に向けて発音の確認をし，あとは本番に臨むだけとなりました。明後日はいよいよ報告会本番。今までの成果を出し切れるよう頑張りたいです。（蓑田）

11月14日㈯

　今日は報告会でした。毎日練習をしていましたが，不安があり，開催の挨拶が終わり各班の発表の間も原稿を何度も読み返しました。迎えた自分の番。かなり緊張しましたが入りがスムーズにできたおかげでかなり流暢に中国語を話せたと思います。報告後の講評でも多くの方に取り上げていただきとても嬉しかったです。（佐藤）

第4章

中国企業の最新 SNS 戦略

【SNS チーム】

I　中国企業のマーケティング戦略

中野　舞

はじめに

　中国では，国の管理によりマスコミ[1]の信頼性が非常に低く，一方的な企業広告は信用されにくいと言われている。では，どのような情報が信頼されるのか？　それは信頼できる人からの「口コミ」である。口コミを重視する理由は中国人の「圏子」[2]と呼ばれる人間関係に深く関連している（中国トレンド EXPRESS 2020）。そのため，中国ではマスメディアを利用したマーケティング戦略は日本に比べ，同じような影響力を持たない。

　2019年 6 月，中国のインターネット普及率は初めて 6 割を超え，61.2％となった。ネット利用者は 8 億5,449万人に達し，そのうちスマートフォンなどの携帯端末による利用者は 8 億4,681万人で，ネット利用者全体の99.1％を占めている。一方，5 億4,173万人がインターネットを利用していない（JETRO ビジネス短信 2019）。

　中国の消費者は，トレンド情報を主に「WeChat」や「Weibo」など，中国発の SNS で検索して取得している（ITmedia マーケティング 2018）。

　SNS 社会である中国では主に微信，微博が使用されているが，SNS を利用していない人に対してはどのような広告媒体を使っているのか。中国企業のマーケティング戦略について調査した。

1　企業におけるマーケティング戦略

　マーケティング戦略とは，市場や顧客を把握・分析した上で，自社が提供する商品（製品とサービス）にどのようにアプローチするかを策定・実行するための戦略を指しており，企業の規模，取り扱う商品の内容，業界の慣行等に応じて実施する内容が異なる。企業は常に誰に，どんな価値を，どのように商品を提供するかの戦略を立て，STP 分析はその基本的な方法として取り入れられている。S はセグメンテーションのことで，潜在する市場ニーズや価値観を，単体またはグループに細分化（市場細分化）する作業を指す。T はターゲ

ティングのことで，セグメンテーションでセグメント化された市場から，自社製品の強みを活かせる標的市場を選択するプロセスを指す。競合企業や参入障壁の有無，市場規模，市場動向，顧客の属性などを分析し，自社が競争優位性を獲得できるかどうかを見極める。P はポジショニングのことで，顧客に対して，市場の中での自社の商品の立ち位置を認識・選択してもらうためのプロセスである。競合他社との明確な差別化を打ち出し，「商品（製品）・サービスに対して，特別な価値がある」と認識してもらうことで，企業価値や商品価値を見出すことが可能となる。

　さらに4P 分析（図 1 ）は，マーケティング戦略の策定に用いられるフレームワークのひとつで，製品・価格・流通・プロモーションといった 4 つのマーケティング要素に基づいて，最適なマーケティング戦略を練る。4P 分析では，マーケティング戦略の基本となる考え方の「誰に」，「どんな価値を」，「どのように」というポイントを具体化するプロセスでもある。「製品」では商品の内容や品質，デザインなどに着目し，自社のそれの強みと弱みを分析・把握することができる。さらに，「価格」では商品の価格設定，支払方法，「流通」では流通の経路や展開範囲，販売形態，「プロモーション」では販売促進施策や広報宣伝に着目し，分析することでマーケティング戦略を具体化していく（BizHint 2018ab）。

Product（製品）… 製品，サービス，品質，機能，デザイン，ブランド

Price（価格）… 価格，割引，支払方法

Place（流通）… 流通経路，流通範囲，立地，販売形態

Promotion（プロモーション）… 販売促進，広告宣伝，広報，Webサイト

図 1　4P 分析の構成要素

出所：BizHint「マーケティングミックス」（2018.11.21）
　　https://bizhint.jp/keyword/164359をもとに筆者作成。

2　マスマーケティングの種類

　マスマーケティングは新聞・雑誌・テレビ・ラジオなどの媒体を指している。マスメディアは不特定多数の生活者を対象に，多様な情報を伝達す

る「マスコミュニケーション」の役割を担っており，通常マスコミと略称される（広告用語辞典）。これら 4 大媒体を説明していく。

（1）　新聞

新聞とは，ニュース，意見，特集など，大衆が関心をもつ情報を提供する日刊や週刊などの定期刊行物である。近年はスマートフォンやタブレットで購読できる電子版や，Web 上で読むことができるネット配信も普及している。新聞は大きく一般紙と専門紙に分類できる。一般紙の中でも発行されている地域の広さにより全国紙，ブロック紙，地方紙と分類されている。特徴として共有性の高さが挙げられる。購入した新聞を回し読みしたり，切り抜きを掲示したりと，複数人と共有しやすい性質がある（ブリタニカ国際大百科事典小項目事典）。

（2）　雑誌

雑誌とは，特定の誌名を冠し，種々の記事を掲載した定期刊行物である。週刊，月刊が主流だが，隔週刊，季刊などもある。種類も豊富で，総合雑誌，専門雑誌（文芸雑誌，ビジネス誌など），娯楽雑誌（ファッション雑誌，漫画雑誌，スポーツ雑誌など），教育雑誌，各種団体の機関誌，個人雑誌，広報誌などの分類がある。特徴としては鮮やかなビジュアルで読者の視覚にもより強い印象を与えることができる媒体である（Marketing Story Lab 2018）。

（3）　テレビ

テレビとは，電波を用いて，遠隔地に映像を伝送し，受像機にその映像を再現する技術のことである。あるいは，そのために用いられる装置，特にテレビ映像機を指すことも多い。特徴として映像と音声で情報を伝えられること，そして多くの視聴者を有するため放映のインパクトが大きいことが挙げられる。速報性も高いうえに動画で情報を得ることができ，かつ民放放送は視聴料もかからない（IT 用語辞典バイナリ）。

（4）　ラジオ

ラジオとは，電波を利用して放送局から送る報道・音楽などの音声放送である。音声形式でリアルタイムに情報を得ることができる。特徴としてリアルタイムで情報を得ることから運転や勉強，料理などの作業と平行して番組を楽しむ聴取者が多い。ラジオパーソナリティとリスナーの双方向コミュニケーションがとれる。また速報性が高く，交通情報やニュース全般，災害時の情報発信に優れている（日本民間放送連盟 2019）。

ここまで新聞・雑誌・テレビ・ラジオという 4 大媒体について説明してきた。では，急速に発達してきたインターネットや SNS もマスメディアに含まれるのだろうか。今や社会のインフラと言っても過言ではないインターネット上のメディアについて説明していく。ネット上のメディアは大きく Web メディアと SNS メディアの 2 つに分類される。Web メディアとは，インターネット上でなんらかの情報を発信している Web サイトのことを指し，具体的にはニュースサイト，キュレーションサイト，コーポレートサイトなどが分類される。SNS メディアとは，個人による情報発信，個人間のつながりなどの社会的な要素を含んだメディアを指す。具体的には Twitter，Instagram，Facebook，YouTube などが該当する（クラウドソーシング TIMES 2019）。

しかし，中国ではこれらのネット上のメディアは中国政府の規制が行われているため，利用することができない。そのため中国独自の Web サイ

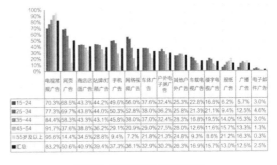

被访者中 "昨天接触过的广告" 人数占比

	电视屏幕广告	网页广告	商店店铺广告	站牌箱广告	手机广告	网络端广告	车体广告	户外电子屏广告	其他户外广告	车载电视广告	楼宇电视广告	报纸广告	广播广告	电子邮件广告
15-24	70.3%	68.5%	43.3%	44.2%	49.6%	56.0%	37.6%	32.4%	25.3%	22.8%	16.8%	6.2%	5.7%	3.0%
25-34	77.3%	69.7%	43.8%	44.0%	50.3%	52.8%	38.0%	36.2%	25.8%	21.3%	21.1%	9.4%	12.5%	4.6%
35-44	84.4%	58.3%	41.1%	42.5%	36.0%	37.0%	37.2%	26.4%	28.0%	14.0%	19.5%	14.0%	12.3%	3.0%
45-54	91.7%	37.6%	38.8%	36.2%	29.1%	20.9%	29.2%	27.5%	28.0%	12.6%	11.6%	15.7%	13.3%	1.3%
55岁及以上	95.6%	14.4%	34.5%	28.8%	9.4%	7.2%	21.8%	21.3%	24.8%	9.3%	8.6%	21.2%	16.3%	0.3%
汇总	83.2%	50.6%	40.9%	39.4%	37.3%	36.1%	32.9%	30.2%	26.3%	15.7%	15.7%	13.0%	12.5%	2.5%

数据来源：CSM媒介研究12城市基础研究

図 2　12 都市における前日の広告アクセス分類の人数比

注：数字は 2016 年 CSM による 12 都市（上海，北京，天津，広州，深圳，武漢，南京，成都，重慶，瀋陽，西安，長沙）における基礎研究をもとにしている。

出所：搜狐.com「权威发布：不同年龄段受众触媒习惯」（2017.11.25）https://www.sohu.com/a/206597174_750267

トは「百度」，アプリは「微博」「微信」などが利用されている（INFO CUBIC 2019）。

　図2は昨日メディアで公開・放映された広告についてメディア別・年齢別でアクセスしている人数の比を表した図である。テレビ広告は83.2%，ネット広告は50.6%である。SNSが普及している中で若者の割合がネットよりテレビの方が多い。テレビは幅広い年代の人が見ている広告である。新聞，ラジオの広告は全体的に割合が低く，また若者の間で低い。

3　調査結果

（1）　中国企業のマーケティング戦略

　老人ホームを経営する中国中軽国際控股有限公司と保利健康産業投資有限公司はかつてバスや集合住宅などで広告を行ったが，宣伝効果を得られなかったため，これらの宣伝方法に対して，消極的である。むしろ国有大企業である高い信用力を武器に，テレビと新聞での宣伝に力を入れている。宣伝対象は高齢者ではなく，親の入居費を支払う40代，50代を中心に展開されている。

　自動車の生産・販売をしているトヨタ自動車（中国）投資有限公司は企業のイメージのアップに繋げるため，テレビや看板，微信や微博などさまざまな媒体を使って情報を発信している。販売会社ではSNSやアプリ関連などのタイアップに力を入れている。宣伝対象は若い世代だけでなく20〜50代といった幅広い世代を中心に展開している。新しく開発される自動運転車の宣伝は高齢者を意識した広告も考えている。SNS関係の広告が増えている一方では，新聞，雑誌，テレビなどのマスメディア広告が減ってきており，特に新聞広告が減少している。

　外語教学与研究出版社は，公式サイトや微信を使って宣伝を行っている。当該企業は言語と教育の専門書を出版しているため，企業のイメージアップのため，宣伝には一般のインフルエンサーより，その分野の専門家や知名度の高い教授を起用する。微信で出版情報を読者に通知したり，日本や韓国のドラマの話題を取り上げたりして，これらの言語に関心のある人にさまざまな情報を提供している。さらに，学術界における権威を招聘して研究フォーラムを開催することで，教材の高い水準をアピールしている。

　上海瑞茵健康産業有限公司開心農場は体験型の農業企業であるため，かたいイメージのテレビ広告や看板などより，微博や抖音，微信のミニプログラムなどで情報を発信している。観光サイトでは農場や日常の写真を掲載し，イベント情報などを周知する。また，SNSを利用して，イベントの参加者や農場に来場した顧客による口コミで自らの体験談を拡散している。

まとめ

　事前学習と企業に対する調査を通して，マスメディアとSNSによる宣伝の特徴，メリット・デメリットについて学習した。

　マスメディアの特徴は不特定多数に情報を発信できる媒体であり，印象に残りやすいものである。

　マスメディアのメリットの1つ目は幅広い年齢層に宣伝を見てもらうことができる。テレビや看板などの宣伝広告は確実に誰かに見てもらうことができる。2つ目は地域に合わせた宣伝ができる。3つ目は企業が伝えたいことを消費者に直接伝えることができる。

　マスメディアのデメリットの1つ目は，広告が作成されて掲載されるまでに時間がかかる。2つ目は広告を掲載してから消費者の反応をすぐに効果測定ができない。3つ目はコストが高い。

　SNSの特徴は若い世代に向けた情報を発信できる媒体であり，口コミで情報が一気に広がる。

　SNSのメリットの1つ目は，年齢層を絞って宣伝広告ができる。2つ目は口コミや広告が拡散されて多くのSNS利用者に見てもらうことができる。3つ目はコストを安く抑えられる。

　SNSのデメリットの1つ目は，宣伝広告が炎上した時にコントロールが難しい。2つ目は消費者全員がSNSを利用しているとは限らないということである。

　最後に中国企業のマーケティング戦略は微信や微博などのSNSを使ったものが主流である。企業によって宣伝方法はさまざまであり，競合企業との差別化を狙っている。また口コミは商品の宣伝に欠かせないツールの一つである。口コミの拡

散と言ってもさまざまな方法が取れることがわかる。そのため，より良い宣伝効果を得るためには宣伝方法のメリット・デメリット，ターゲット客層などをしっかり市場調査をして消費者のニーズを掴む必要がある。

　SNS を利用していない人に対しては，マスメディアなどの広告媒体が利用されているが，中でも新聞広告は減少している。マスメディアは幅広い世代に宣伝できるため，SNS を利用していないニーズにも宣伝することができる。

　一方 SNS などの情報では消費者に伝わらない場合もあるため，顧客が口コミで拡散することで企業の情報発信ができることがわかった。

注
1）デジタル大辞泉によると，マスとは新聞・雑誌・ラジオ・テレビなどマスメディアによって，不特定の人々に対して大量の情報を伝達されることである。
2）「圏子」は同じ所属先，地域の人間が仲間となり団結し助け合い，その集団を利する行動を良しとする構成員で構成されてきた。中国ではこの「圏子」が歴史上，特に貧困の時代には相互扶助のための役割を果たしてきたといえる。「圏子」は現代において中国の文化的トレンド，消費トレンドを形成する要素となっている。信頼できる人間からの口コミを大切にする中国では，「圏子」の構成員は，他のメンバーに利益となるよう自分が得た「良い」情報，体験をシェアし，メンバーはそれを参考にする。

参考文献
中国トレンド Express（2017.5.12）「中国人社会に存在する「圏子」とは？　〜メンバーの利益が最優先。中国でクチコミが共有される社会的背景〜」https://cte.trendexpress.jp/blog/20170517-2.html（アクセス日：2020.9.28）
中国トレンド Express（2020）「中国マーケティングをマスターするためのコツとポイントまとめ」https://cte.trendexpress.jp/blog/category/marketing/（アクセス日：2020.9.26）
JETRO ビジネス短信（2019.9.19）「ネット普及率，6 月に初めて 6 割超え（中国）」https://www.jetro.go.jp/biznews/2019/09/9c321f04a68b1338.html（アクセス日：2020.11.29）
ITmedia マーケティング（2018.3.27）「中国のデジタルマーケティング，日本の常識が吹き飛ぶ 3 つのトレンド」https://marketing.itmedia.co.jp/mm/articles/1710/05/news020.html（アクセス日：2020.9.26）
BizHint（2018.11.21a）「マーケティング戦略」https://bizhint.jp/keyword/173465（アクセス日：2020.9.26）
BizHint（2018.11.21b）「マーケティング・プロセス」https://bizhint.jp/keyword/123822（アクセス日：2020.11.29）
BizHint（2018.11.21c）「マーケティングミックス」https://bizhint.jp/keyword/164359（アクセス日：2020.9.26）
PRTIMES MAGAZINE（2020.11.18）「マスメディアとは？　4 大媒体の種類・役割・影響力など基本情報や，広報活動におけるマスコミの役割を紹介」https://prtimes.jp/magazine/mass-media/（アクセス日：2020.11.29）
Marketing Story Lab（2018.4.26）「紙媒体のメリット・デメリットとは？　紙媒体は衰退するのか，元紙媒体編集者が語る未来」https://msl.yuidea.co.jp/content-marketing/2851（アクセス日：2020.12.23）
一般社団法人日本民間放送連盟（2019）『ラジオの意義と課題』https://www.soumu.go.jp/main_content/000610221.pdf（アクセス日：2020.12.23）
クラウドソーシング TIMES（2019）「メディアはどんな種類があるの？　特徴や広告効果をわかりやすく解説！」https://crowdworks.jp/times/marketing/2365（アクセス日：2020.12.23）
INFO CUBIC BLOG（2019.9.17）「中国におけるデジタルメディア最新状況〜SNS・検索エンジン・ウェブサイト〜」https://www.infocubic.co.jp/blog/archives/2141/（アクセス日：2020.9.26）
CNNIC（2019）「第44回中国インターネット発展状況統計報告」https://www.jetro.go.jp/view_interface.php?blockId=29184394（アクセス日：2020.11.29）
捜狐.com（2017.11.25）「权威发布: 不同年龄段受众触媒习惯」https://www.sohu.com/a/206597174_750267（アクセス日：2020.11.29）

II　中国の消費者の口コミ重視傾向
鬼頭真愛

はじめに

　周知のように，中国政府はインターネットでの自由配信を厳しく規制している。具体的には，「金盾」（グレート・ファイアウォール）という大規模情報規制システムを用いて，不適切な内容が中国国民の目に入らないようにしている。このシステムによって海外の SNS サイトやアプリ，アダルトサイトを含む動画配信サイト，中国当局に対して不都合な発言を載せたコンテンツなどが規制されており，中国国内から Twitter や Facebook,YouTube などのサービスにアクセスすることができない。その影響で，ほとんどの国民が海外のサービスにアクセスができず，国内で開発された Twitter や Facebook のような中国版の SNS サービ

スが独自の経路で発達している。

　それらのサービスは中国国外からアクセスができるものもあれば，できないものもある。つまり，中国人は限られたものしか使えないということから，Wechat（微信／ウィーチャット）や Weibo（微博／ウェイボー）などには中国独自のサービスが反映されているとも言える。この影響により，日本よりもネット社会がさらに広がっているということを念頭に置く（Cross-Border Next 2020）。

　大規模情報規制は中国の IT 産業の発展を妨げておらず，実際，中国を訪れた日本人は日本よりもはるかに進んだ情報化社会の利便性を実感する。財布を持ち歩かず，スマートフォン一つで買い物に出かけることや，ネットであらゆるものを購入したり，タクシーを呼ぶのもスマートフォンの専用アプリを使う中国人に比べ，同じスマートフォンを使っていても，日本との違いが一目瞭然であり，そして，これらの機器を子どもからお年寄りまで使いこなしている。ショッピングの習慣において，日本人と中国人とのもう一つの相違点は口コミを重視する度合いである。最近では日本人でも，物を買う時にはまずネット上の情報を確認してから買う習慣が徐々に浸透してきたが，マスメディアが発信する情報を信用する人が依然として多い。それに対して，中国人の間ではとりわけ口コミが重視されており，マスメディアからの情報よりも知人，友人の SNS，口コミを信用する。

　以上の認識を踏まえて，本調査は中国消費者の口コミを重視する実態とそれをもたらす要因を明らかにしたい。

1　口コミの概念と効果

　口コミとは，消費者の声であり，実際に商品やサービスを利用した顧客が，ネットワーク上のサイトや掲示板などを利用して情報を発信することである。口コミを中心に掲載するサイトは口コミサイトと呼ばれる（マーケティング用語集「クチコミ」）。

　企業によって発信される宣伝に比べ，口コミには他者の感想や意見が含まれるため，消費者にとって有用な情報が多い。したがって，口コミの利用者は商品の性能や品質，サービスの良さに対す

る評価を参考にして消費行動を決めることができる。

　他方，企業側からみれば，消費者の購買意欲に大きな影響力を持つ口コミは商品の売れ行きを左右し，企業の繁栄と存続を決定する。したがって，特に商品の競争相手の多い企業は消費者の口コミを商品やサービスを改善する指標として活用する。

　インターネットや SNS の普及に伴い，消費者による口コミの提供と収集はより容易になっている。類似する商品もランキングによって評価され，比較することもより簡単になってきた。そこに注目した企業は口コミを活用する方法，すなわち，マーケティング戦略を積極的に検討するようになった。例えば，「お客様の声」を集めることで，顧客のニーズや意見などを引き出し，商品とサービスの改善を図ることができる。

　無論，口コミに頼ることにも大きなリスクが潜んでいる。企業側の情報操作によって商品に有利な口コミを作り出すことができる。また，消費者による悪質な口コミは企業に風評被害を与える。

　消費者と企業をネット上で繋ぐ役割をしている口コミは，このようなメリットとデメリットが存在している。

2　中国における口コミを重視する傾向
　　　──日本との比較

　観光庁が発表した「訪日外国人消費動向調査，2018年年間値の推計」によれば，中国人が旅行前に利用する情報源として，SNS の投稿が 1 位に挙げられている。2019年にも情報収集源として SNS の利用が 1 位という結果が出ており，大多数の中国人は SNS 投稿を見て日本旅行の情報収集をしていることがわかる。今では中国大陸の他にも香港や韓国などの観光客が日本旅行をする際には，情報収集の手段として SNS を利用している。また，10年前の2010年に比べ，SNS アプリの進化により写真や動画も掲載され，口コミの内容はより充実している。

　中国人は旅行前の情報源だけではなく，商品を買う場合も Weibo（微博／ウェイボー）で商品名を検索し，口コミを調べてから購入する人が多く，

Wechat（微信／ウィーチャット）のモーメント上に掲載される友人の旅行の写真等を参考に旅行先を決めるケースも少なくない（国土交通省観光庁「訪日外国人消費動向調査」）（AUN CONSULTING 2019）。

　他の調査結果からも，中国人はいかに口コミを重視しているかの結果を出している。Expedia Media Solutions が2017年に実施した「ASIA PACIFIC TRAVEL TRENDS 2017」によると，「旅行を予約する際に意思決定プロセスに影響を与えたりする要因はどれですか？」の問いに対し，「ネット上での家族，友だち」と答えた割合は日本では15％に対して，中国では50％のユーザーがそう答えた。また，他の回答選択肢の「オンライン広告コンテンツ」については，日本では8％となり，中国では19％になっている。このことから，中国の消費者は企業からの広告を無視しないが，圧倒的にネット上の口コミを信用する結果が出ている。

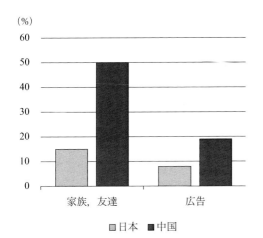

図1　旅行するときの意思決定プロセスは何か？

出所：expedia group "ASIA PACIFIC TRAVEL TRENDS 2017" https://info.advertising.expedia.com/hubfs/Northstar-APAC-final.pdf より筆者作成。

　日本ではホームページに情報を掲載し，利用することが多いのに対して，中国ではSNSから情報を得ることがほとんどである。この結果，中国ではSNSがマーケティング戦略に必要不可欠な手段になっただけではなく，SNSも独立した産業として急速に発展を遂げた（中国マーケティング情報サイト 2018）。

3　中国で口コミが重視される背景

　中国の口コミ文化が広がる背景として，企業を始めとする市場参加者の責任が重い。中国企業が起こした食品汚染，ECサイト[1]における偽物の流通，有害な物質を使用する，ネガティブ広告[2]など，消費市場で起きたさまざまな不祥事が消費者の企業，市場に対する不信を招く。

　食品汚染事件の例として，調味料として販売された人毛醤油，揚げ物に使われた下水道油，毒物が混入した冷凍食品，数年間保存していたゾンビ肉，メラミン混入の粉ミルク，そのいずれも消費者に強い衝撃を与えた。食品以外にも，マンションの内装材に含まれる発がん性物質の使用など，安価な有害物質が違法に使われ，それによる被害が多発しており，深刻な場合は死に至ることも報告された（ウィキペディア「中国産食品の安全性」）。

　これらの事件による影響は中国国内にとどまらず，日本のニュースでも大きく取り上げられ，中国企業，中国製品に対する消費者の信頼を著しく損なった。その結果，中国の消費者は企業側が作る広告を信用せず，実際に商品を購入した消費者の意見を見て判断する，いわゆる口コミを重視する習慣ができた。特にインターネットが普及した現在において，口コミによる品質確認は欠かせない手法となっている。さらに，企業による不祥事の被害者たちが，情報技術を活用し，虚偽宣伝を行う企業に対する対抗手段として「市販商品の安全性」について語り合う掲示サイトを立ち上げた。

　同じ被害を抱える中国人が多いため，こうしたサイトはたちまち人気を呼び，「どんな商品が安心して使えるか」「どんな商品を使った後に被害が起きたか」，そして「海外のどの国から安心して使えるものを買えるか」といった内容が語り合われるようになった。冒頭で述べたように，独自のサービスが反映しているからこそかもしれないが，ネット技術の進化した今の時代では口コミを効率よく活用しているようにも思える。

4　調査結果

　今回の現地調査は，トヨタ自動車(中国)投資有限公司，中国中軽国際控股有限公司，外語教学与研究出版社，上海瑞茵健康産業有限公司開心農場の全4社に対してインタビュー調査を行った。中国の企業がSNSを重視する傾向を示す中で，この4社は異なる動きを見せた。その違いは業種によるものと考えられる。

　トヨタ自動車(中国)投資有限公司は圧倒的なブランド力と資金力を活かして，テレビCMや大型看板を使い，企業の存在感をアピールした。SNSを顧客の個別対応に使い，きめ細かいサービスの提供を試みた。また，イベントごとにインフルエンサーを起用することもあるが，一時的で，補足的なものにしかすぎなかった。

　中国中軽国際控股有限公司は老人ホームを経営する国有企業であり，対象になる顧客は都市部の裕福な高齢者である。そのため，SNSによる宣伝は入居者の子ども世代を対象に入居者の生活風景を配信することになり，その狙いはよい口コミを得ることと次世代の入居者の獲得である。

　外語教学与研究出版社は北京外国語大学が経営する企業であり，主な業務は外国語教育に関連するものである。SNSを用いる宣伝があるものの，一般のインフルエンサーを起用することより，企業の特色からみて学者や有識者の影響力を利用したほうが宣伝効果を得られる。

　上海瑞茵健康産業有限公司開心農場は上海の郊外に立地する参加型農場である。都会の人に農業の楽しさや農業知識，食の健康を体験する場として事業を展開している。対面やふれあいを重視するため，SNSによる大規模な宣伝が行われることなく，参加者の経験談を中心に口コミを拡散している。

まとめ

　中国では，情報化社会の進化と企業への不信感を背景に，消費者は伝統的な宣伝方法より口コミを重視する傾向を持つ。市場の動向に敏感である企業はSNSの利用をいち早く各自のマーケティング戦略に取り入れた。しかし，業種や企業の規模によって各企業が画一的な宣伝方法を実行することなく，優位性を活かしながら各自のマーケティング戦略の特徴を作り上げた。

　特に，2020年は新型コロナの影響により，通常通りの営業が実施できなくなり，多くの企業は顧客の新規開拓や既存の顧客の確保などに苦戦を強いられている。今回の調査対象となった企業のいずれもSNSを駆使した営業戦略により，コロナによる影響を最小限にとどめることに成功した。

注
1）ECサイト（electronic commerce site）とは，インターネット上で商品を販売するWebサイトのこと。
2）ネガティブ広告とは，ポジティブ・アピール／ポジティブ・アプローチをしない広告のこと。広告商品を使わない生活がいかに不便であり不都合であるかといったことを伝え，そうならないためにその商品の価値をピーアールして訴える広告表現の方法のこと。その商品を使わない場合の不安感をあおり，買わなかった場合の損失を強調する。

参考文献
日経BizGate（2015.7.28）「広告は信じない，頼るのはホンネの「口コミ」」 https://bizgate.nikkei.co.jp/article/DGXMZO31148750030052018000000?page=2（最終アクセス日：2020.6.20）
中国トレンドExpress（2020.2.21）「中国ニュース深読み〜中国ネット社会で広がる葛藤」 https://cte.trendexpress.jp/blog/20200221-chinanews-3.html（最終アクセス日：2020.6.20）
Cross-Border Next（2020.3.20）「中国SNSプロモーションの事例｜成功する秘訣・事情・戦略を解説！中国SNSマーケティング最前線とは？」 https://www.cbn.co.jp/archives/5105#Tiktok（最終アクセス日：2020.9.20）
マーケティング用語集（2017.2.1）「口コミ」 https://www.synergy-marketing.co.jp/glossary/reviews/（最終アクセス日：2020.12.28）
国土交通省観光庁（2020.3.31）「訪日外国人消費動向調査」 https://www.mlit.go.jp/kankocho/siryou/toukei/syouhityousa.html（最終アクセス日：2020.9.21）
AUN CONSULTING（2019.5.28）「「訪日外国人トレンド調査」訪日前の情報収集は，アジアはFacebook・アメリカはYouTube」 https://www.globalmarketingchannel.com/press/survey20190528（最終アクセス日：2020.9.21）
expedia group "ASIA PACIFIC TRAVEL TRENDS 2017" https://info.advertising.expedia.com/hubfs/Northstar-APAC-final.pdf（最終アクセス日：2020.6.20）
中国マーケティング情報サイト（2018.10.15）「中国マーケティングは口コミが命！　中国人に響くプロモーションとは？」 http://china-marketing.jp/article/detail103/（最終

アクセス日：2020.6.20)

ウィキペディア「中国産食品の安全性」　https://ja.m.wikipedia.
org/wiki/%E4%B8%AD%E5%9B%BD%E7%94%A3%E9%
A3%9F%E5%93%81%E3%81%AE%E5%AE%89%E5%85%
A8%E6%80%A7（最終アクセス日：2020.6.20）

Ⅲ　企業のマーケティング戦略とアプリケーション利用

張　笑語

はじめに

　近年の中国は情報通信技術が目覚ましい発展を遂げ，大きな IT 化の波に乗っている。そこで筆者が目をつけたのは，IT 化に伴う中国企業のマーケティング方法の変化である。

　近頃の中国では，テレビやラジオ，新聞，看板などといった従来のマーケティング方法よりも，インターネットを使ってのマーケティングがとても重要となっている。

　そういったインターネットを使ってのマーケティングには従来の方法と同じく企業が直接広告を打ち出すものもあるが，筆者が注目したのは一般ユーザーによる口コミを利用しての宣伝方法である。今までも身近な人たちの間で口コミにより商品の良し悪しを伝えることはあったが，インターネットが広まった今，その口コミの影響力は大きく広がることとなった。

　中国のマーケティングにおいて口コミが重要な影響力を持つ背景として，中国独自の強い絆を持つ人間関係「圏子」という考え方があり，家族に次ぐ濃密な関係を構築している。これは，友人知人のグループ皆でメリットを共有するというものである。

　誰かが日本に行ったら，ソーシャルネットワークサービス（以下 SNS）で仲間に報告して有益な情報を共有し，さらに拡散する。この行動は旅行の準備段階から始まり，旅行中には SNS で情報を収集し，情報を発信をすることも多々ある。

　帰国後は日本での体験や購入した商品を SNS 上で共有し，口コミ情報が蓄積され，この蓄積さ

れた情報が他の人に検索されるというサイクルが中国人旅行者間で成立している。一般的な中国人は複数の圏子に所属しているため，この蓄積された口コミ情報の影響力は計り知れない（中国ビジネスラボ 2017）。

　また，中国の口コミを語るうえで，「網紅」と呼ばれるインフルエンサーたちは外せない。日本でも Twitter や Instagram，個人ブログなどで芸能人が情報発信すると多くのユーザーが反応するが，中国では一般人の中からもテレビなどには出演しないがネット上では多数のフォロワーを抱える「網紅」という存在が，芸能人と同等に大きな影響力を持っている（中国ビジネスラボ 2017）。

　「網紅」は必ず SNS のアカウントを持っており，そこで情報発信をすると普段から彼らの情報を重視しているフォロワーたちが即座に反応を示す。「網紅」が記事をシェアすることによる情報拡散能力もまた侮れない。

　IT 化の進む中国では情報発信に利用できるアプリケーションがさまざま存在している。本調査では一般ユーザーおよび「網紅」が情報発信に使うアプリケーションを紹介した上で，各企業がそれぞれ実際に行っている宣伝方法の差異について検討する。

1　先行研究
──口コミマーケティングに利用されるアプリケーション

　まず，中国で使用される SNS で有名なのは主に WeChat，Weibo，QQ の 3 つである。ここではそれぞれの SNS に関して，その紹介と具体的なマーケティング方法を述べていく。

⑴　WeChat（微信・ウィーチャット）

　2011 年にサービスが開始された，中国企業 Tencent（騰訊）社が開発した無料のアプリケーションであり，現在中国で人気ナンバーワンのチャットアプリケーションである。

　日本の LINE のようにチャットツールとして，日常的に家族や友人などとのコミュニケーションツールとして活用されている。また，WeChat Pay や QR コードを利用した電子マネー決済機能の登場により，もはや中国人の日常生活に欠かせない

インフラと化しているといっても過言ではない（中国マーケティング情報サイト 2019a）。

WeChat では，公式アカウントを作る際は「購読アカウント」と「サービスアカウント」という2つの選択肢がある。

「購読アカウント」では，マーケティング担当者はページをフォローしているユーザーと，1日1件のメッセージをシェアすることができる。気を付けなくてはいけないのは，この購読アカウントでのメッセージは通知はされるものの購読アカウント専用のフォルダーに自動的に振り分けれられ，情報にアクセスしたいユーザーはこのフォルダーを開かなければならない。そのため，発信した情報をチェックしてもらえないという可能性がある。

「サービスアカウント」では，先ほどの購買アカウントとは違い，フォローしてくれるユーザーに対して月4件のメッセージしか送信できない。しかしながら，こちらのメッセージは通知もされ，トークリストの最上位の友たちが並んでいる所に表示されるため，ユーザーにすぐ気づいてもらえることが特徴である。さらには，カスタムメニューや独自のアプリを作ったり，製品やサービスのプロモーションをしたり，ユーザーからのリクエストを受け付けることも可能である。

これは公式ウェブサイトの代わりとして運用される ことがしばしばある（Global Marketing Labo 2017）。

⑵　Weibo（微博・ウェイボー）

中国版の Twitter や Facebook のようなアプリケーションである。ミニブログサイトとも呼ばれているように，1つの投稿での文字数上限は2,000字となっており，Twitter や Facebook のようにテキストや画像，動画を投稿して，そこへ「いいね」やコメントをもらい，ユーザー間でコミュニケーションを図ることが可能である。

Weibo では日本の Twitter のように企業が公式アカウントを作ることで，情報発信やユーザーとの交流をすることができる（中国マーケティング情報サイト 2019b）。

また，はじめに紹介した「網紅」たちもこの Weibo 上に自身のアカウントを持っていることがほとんどである。企業は自身の公式アカウントで情報発信をするだけではなく，そうした「網紅」に依頼し，彼（彼女）らのアカウントで情報を発信してもらうことが可能である。

例えば，日本では知名度の高いブランドでも中国での知名度はまだ低いという場合，この「網紅」を通じて情報を発信してもらう口コミ型のマーケティング施策は非常に有効といえる。

そのほかにもターゲットのユーザーを絞り，Weibo 内で広告を配信することが可能である。

WeChat のナイキのサービスアカウントより

Weibo の資生堂の公式アカウントより

Weibo のタイムライン上に配信される「Weibo Feed 広告」を活用すれば，ユーザーを効果的に自社サイトやキャンペーンサイトへと誘導することができる。一般的な広告と比べて，Weibo 内の広告は，ターゲットが絞り込まれるため，興味関心の高いユーザーを獲得できるのが利点である（中国マーケティング情報サイト 2016）。

　次に，インフルエンサー・口コミマーケティングで使用されるアプリケーションについて説明する。

　⑶　抖音

　中国だけではなく，世界中で人気を博しているショートムービーアプリケーションである。日本では TikTok という名で知られている。抖音では主に 3 つのマーケティング方法が存在する。

　まず，1 つ目は企業が自身の公式アカウントを作って動画投稿をする，動画プロモーションである。動画投稿はショートムービーアプリの中心的な機能であるため，この方法をとっている企業は多い。

　次に，2 つ目は出稿料を払っての広告プロモーションである。中国版抖音の広告には，以下の 3 つの種類が存在する。

　①　起動画面広告

　その名の通り，アプリケーションを起動した時に流れる広告。

　②　インフィード広告

　タイムライン上に，コンテンツと同じように表示される広告。

　5 〜15秒ほどの動画広告が全画面で流れる。

　③　ハッシュタグチャレンジ広告

　動画ネタになるハッシュタグを企業が広告として拡散し，そのハッシュタグにまつわる動画をユーザーに作ってもらい，さらに視聴もしてもらう手法。ユーザー参加型ということでキャンペーンが盛り上がりやすく，記憶もされやすい。

　最後の③は，インターネット上のインフルエンサー「網紅」を起用したプロモーションである。「網紅」と呼ばれる，専門的な知識を持ったインフルエンサーを起用してのプロモーションは，抖音で非常に有効とされている。

　①と③の方法は，企業だけではなく個人経営の店舗などでも同じように活用することができる。また，近頃はすでに多大な影響力を持つ「網紅」が起業をするといった流れも珍しくはない。

　中国では SNS 上で活動する情報発信者，いわゆるインフルエンサーの意見が重視される傾向にあり，一般消費者の購買にも影響を与えている（LIFE PEPPER 2020）。

抖音の起動画面広告
（実際のアプリケーション起動画面より）

小紅書の商品紹介記事
（ストラテ https://www.atglobal.co.jp/strate/1777 より）

（4）　小紅書

　主に若年層や女性に人気の口コミ＆ネットショッピングアプリケーションである。

　ミニブログのような商品紹介記事を検索することができ，商品を気にいればそのままアプリ内で購入することもできるという特徴を持つ。

　投稿にはスタンプやユーザーネーム，ハッシュタグやブランド名を載せることができるうえ，ブランド名にはインターネット通販の店舗が紐づけられており，コンテンツからワンタップで店舗に移動することも可能である。

　動画にも店舗情報を追加できるようになっており，写真でも動画でも，コンテンツを見ていて気になった関連商品があればそのまま購入まで完了できるSNS型インターネット通販サービスとなっている（Cross C 2019）（ストラテ 2019）。

（5）　大衆点評

　中国で最も利用者数が多い口コミ掲載アプリケーションである。

　世界中の店舗情報と消費者によるレビューを掲載する中国最大の生活情報サイト・アプリであり，日本でいう「食べログ」のジャンル拡大版である。掲載情報は飲食店に留まらず，ショッピング，エンターテイメント，ホテル，サロン，クリニックなど3,300万件以上の登録店舗数がある。

　基本的にユーザーが企業や店舗の店舗ページを

大衆点評内の店舗ページより

立ち上げて，口コミを掲載する形だが，企業や店舗も公式登録することで，ページ情報の登録，おすすめメニューや画像の登録，クーポン設置，広告配信などを行うことが可能である（中国マーケティング情報サイト 2019b）。

　店舗情報や口コミ以外にも各種割引チケットや，ネット予約，デリバリーサービスなどさまざまなサービスを提供しているため，口コミ評価とクーポンなどといった特典情報を確認し，事前にチケットを購入することが中国人の間では当たり前になっている。

2　企業インタビュー
──各企業のプロモーション事情

　中国でのマーケティングに用いられるアプリケーションそれぞれの一般的な活用方法を知った上で，ここからは4社の企業へのインタビューを通して実際どのように活用されているのかを紹介していく。

（1）　保利健康産業投資有限公司

　この会社は中央国有企業であるため，国や政府が宣伝をサポートしてくれるそうである。利用者の口コミで良いことがあればテレビや新聞が取材に来てくれるため，費用をかけて宣伝をする必要はない。ただ，自社で積極的な宣伝をする必要はあまりないが，それでもWeChatの公式アカウントは不可欠だと答えていた。また，看護スタッフや養老サービスに対するネガティブな印象を払拭するために，抖音を使用し施設の日常を撮影したショートビデオを公開している。

（2）　中国中軽国際控股有限公司

　主にWeChatとWeiboの公式アカウントを宣伝に使用していると答えた。

　グループ会社それぞれが公式アカウントを作成し，ウェブマーケティングの専門業者と組んで発信する内容を考えているようである。WeChatでは情報を顧客に一方的に押し付けるだけではなく，やり取りができるような仕掛けもしている。

　コロナ禍においては，顧客が購入した車の納品が遅れると，WeChatのミニプログラムを通して今どこまで届いているかをお知らせするということもあった。

また，抖音を使用してのライブ放送などで商品のプロモーションも行っている。

今回のコロナ禍が始まる少し前から社員へ向けてライブ放送育成プログラムを実施しており，コロナ禍においてはイベントが開催できない代わりにライブ放送を主として展開した商品プロモーションのおかげで売り上げを維持できたと言う。

ライブ放送による商品のプロモーションに商機を見出した本会社は，今後も引き続き育成プログラムの実施，ライブ放送の強化を行っていく予定であると述べていた。

(3)　外語教育与研究出版社

主に WeChat と Weibo の公式アカウントを宣伝に使用していると答えた。

以前は Weibo をメインとしたプロモーションを行っていたが，今は中国人の間で爆発的に普及，浸透した WeChat のほうを重視している。また，中国の若者はショートビデオを好む傾向にあるため，抖音をはじめとしたショートビデオを投稿できるアプリケーションも宣伝に使用している。

しかし，教育および研究関連の書籍という商品の特殊性からして，インターネット上の宣伝よりもセミナー，学術会議，研究会議などといった会議を通じての宣伝をより多く行っていると答えた。これらのオフラインで行われる宣伝は，インターネットを使用しての宣伝よりも効果が実感できると述べていた。

(4)　上海瑞茵健康産業有限公司開心農場

WeChat の公式アカウントとミニプログラムを使用し，同時に Weibo と抖音も駆使して宣伝を行っていると答えた。

しかし，いまだに主要な宣伝方法は公式ウェブサイトを使用することであり，ウェブサイト上で写真展示やイベント情報の割引などを投稿していると述べた。

また，対面でのコミュニケーションを重視しており，インターネット上の宣伝は観光農場に来園した顧客の口コミに任せているとのことである。

まとめ

今回インタビューした 4 社は宣伝対象によってインターネット上だけに収まらずさまざまなツールを使い分けているが，共通して WeChat の公式アカウントを持っている。

どの企業も WeChat 公式アカウントによってもたらされる顧客とのコミュニケーションを重視していることがインタビューからうかがえた。

WeChat は，今やほとんどすべての中国人が利用する SNS であり，中国で最も使用率の高い SNS でもある。そのため，WeChat を通じて全国各地の顧客とコミュニケーションを取り，情報を発信することが可能となっている。WeChat 公式アカウントは顧客とのコミュニケーションだけではなく，顧客データの統計と分析にも使用できる。

また，SNS を利用して情報を発信するだけではなく SNS を通した顧客とのコミュニケーションを重視するとの答えから，企業は顧客一人ひとりによる評価，ひいては口コミの良し悪しを繊細に意識していることが読み取れる。

参考文献

中国ビジネスラボ（2017）「中国人の SNS が発信する口コミの影響力」 https://lxr.co.jp/blog/3680/（アクセス日：2020.9.12）

中国マーケティング情報サイト（2016）「Weibo（微博・ウェイボー）をビジネスで有効活用する具体例」 http://china-marketing.jp/article/detail13/?_ga=2.208350609.2041736949.1601271799-76245150.1601271799（アクセス日：2020.9.28）

中国マーケティング情報サイト（2019a）「中国 SNS の WeChat（微信・ウィーチャット）と QQ の違いとは？」 http://china-marketing.jp/article/detail133/（アクセス日：2020.9.28）

中国マーケティング情報サイト（2019b）「口コミ・SNS・KOL！　中国人集客サービスの種類と選び方」 http://china-marketing.jp/article/detail138/（アクセス日：2020.9.12）

Global Marketing Labo（2017）「WeChat マーケティングの究極ガイド」 https://global-marketing-labo.com/2017/08/16/10002/（アクセス日：2020.9.28）

LIFE PEPPER（2020）「中国版 TikTok のダウンロード方法や日本版との違い・企業の活用法を解説！」 https://lifepepper.co.jp/china/tiktok（アクセス日：2020.9.28）

Cross C（2019）「小紅書／RED とは〜中国越境 EC マーケットで注目　SNS × EC，ユーザー投稿のコンテンツをタップして商品購入へ〜」 https://x-c.co.jp/blog/xiaohongshured/（アクセス日：2020.9.28）

ストラテ（2019）「中国発　口コミアプリ「小紅書（RED）」とは？」 https://www.atglobal.co.jp/strate/1777（アクセス日：2020.9.28）

Ⅳ　中国における SNS の普及率と地域格差

阿久津衣織

はじめに

　中国のオンライン市場は次第に拡大して，もはや一大市場といっても過言ではない。しかし周知のように，中国では都市と農村の格差が存在しており，インターネット上での格差も同様に存在している。そして，SNS は通信手段として，インターネット環境が整備されていることが必須条件である。農村のインターネット環境整備が農村部の SNS の普及率にも影響を与えていると考える。

　本稿では，中国の都市と農村の格差を鑑みた，インターネット普及率と SNS 普及率の関連性，1 級から 5 級都市までの SNS 普及率の違いが企業の SNS マーケティングに与える影響とそれに対応する効果的な宣伝方法の 2 つの視点で SNS マーケティングを見ていく。

1　インターネット環境の現状

　まず初めに中国のインターネット普及率を確認しておきたい。「中国インターネット発展状況統計報告」（CNNIC 2020）によれば，2020 年 3 月までに中国のインターネット利用者の規模は 9.04 億人に達し，2018 年末より 7,508 万人増加，インターネット普及率は 64.5％に達し，2018 年末より 4.9 ポイント上昇した。インターネット利用者は中国総人口の約 65％に達している。農村では 2020 年 3 月までにネット利用者の規模は 2.26 億人に達し，ネット利用者全体の 28.2％を占め，2018 年末より 3,308 万人増加した。農村地域のインターネット普及率は 46.2％で 2018 年末より 7.8 ポイント上昇し，都市と農村間のインターネット普及率の差は 5.9 ポイント縮小した。

　2018 年 12 月から 2020 年 3 月までの数値が急に上昇したのは，中国共産党創立 100 年のスローガンである「貧困撲滅」が関係しているようである。

2　中国農村地域におけるインターネット扶助活動

　中国共産党主導で展開されている「貧困撲滅」の一部として，中国農村部におけるインターネットによる貧困扶助計画が実施された。この実施により農村部のインターネット普及率が向上したと考えられる。

　中央網信弁，国家発展改革委，国務院扶貧弁，工業和信息化部は，共同で「2019 年のオンライン貧困緩和のポイント」を発行しデジタル配当を完全に開放し，オンライン貧困緩和の取り組みを強化することを提案した。2019 年に中国の「村村通」と「電新普変サービス試行」の二大プロジェクトが深く追及され，農村都市の「同網同速」を実現した（CNNIC 2020）。これらのインターネットを通した貧困対策の政策は，中国の農村地域でのインターネット普及率を向上させたばかりか，農村部の所得向上などにも貢献し国内外から高い評価を得ている。2017 年，全国の 832 の国家級貧困県におけるネット販売小売額は 1,207.9 億元となり，全国のネット販売小売額に占める農村の割合は 2014 年の 6％から 2017 年の 17.4％に上昇した。また，2017 年の「ダブル 11」（中国のインターネット通信販売大手アリババグループが 11 月 11 日に実施する「独身の日のセール」）期間中，農村部のネット販売小売額は 846.1 億元と，全体の 46.4％を占めている。国家政策の支持および電子商取引（Electronic Commerce，EC と省略する）企業の農村進出が，農村 EC の急速な発展をもたらし，農村地域の経済発展に大きく寄与している（馮・汗 2019）。

　これらのインターネット環境の整備と普及率の上昇は農村の経済構造に変化をもたらした。実際に国家政策であるインターネット扶助活動で所得が向上した例として甘粛省の農民の例を紹介する。

　中国西北部の甘粛省隴南市は全国 EC 貧困扶助のモデル都市で，EC によって多くの農民が新しい生活を始めている。「インターネットによる貧困扶助計画」が実施されて 3 年が経過し，貧困地域のネット通信に関するインフラが整い，特色あ

る農産物が世に知られ，質の良い教育や医療など
が村にもたらされてきた。インターネットによる
貧困扶助策の実施が深化するに伴い，貧困地区の
インターネット通信環境も整えられ，よい循環を
作り出した。2019年10月までに，中国の地方自
治体における光回線と4Gの比率は平均98％を超
え，貧困地域でのブロードバンド比率は99％に
達した（AFPBB News 2020）。また，SNS普及率
に関して，2018年6月30日までにインターネッ
ト利用者の内，SNSの利用率は94.3％であり，
2017年12月の93.3％と比べて半年の間で1％上
昇した（CNNIC 2020）。

　以上のことから，インターネット環境の整備を
強化することは農村地域のSNSの普及に貢献す
ることがわかる。今後，農村地域におけるインタ
ーネット環境の整備の拡大はSNS利用者の更な
る増加につながる可能性が高い。そして，それに
よって，中国の都市と農村におけるインターネッ
トとSNSの普及の格差の縮小に貢献し，SNSを
主なツールとして利用するECの普及につながっ
ている。

　上記の通り，中国の都市と農村におけるインタ
ーネット環境の格差が縮小しているが，普及率の
格差は依然として存在している。企業はこの格差
の実態をどのように認識して広告宣伝に反映して
いるのかを本調査で明らかにしたい。ここでは地
域の概念を中国の1級から5級までの都市分類を
参考にした。

3　中国における SNS とアプリの利用普及状況

　ここでは具体的に，地域ごとの普及している
SNSの違いについてみていく。中国のSNS市場
の収益は2018年には1,521億8,000万元に達し，
2020年には2,700億元を超えると予想されてい
る。2018年，中国のソーシャル広告の収益は613
億5,000万元に達したが，2020年には1,000億元を
超えると推定される（Iresearch 2019）。しかし，
アプリの利用状況に関して，中国全土で各企業の
市場シェアが同じようになっているわけではな
く，アプリの利用状況は地域間，特に都市農村間
の格差が激しい。そこで，企業の宣伝活動に注目
して，レベルが異なる都市部，また，都市部と農
村部におけるアプリの利用状況の相違について検
討した。

　図1はWeChat，TikTok，Weiboの3種のSNS
普及率を1級都市から3級都市に分類した図であ
る。

　まず個々での都市分類は以下のように定義され
ている。

　1級都市「北京，上海，広州，深圳」，2級都
市「杭州，長沙，成都などの先進省の都市または
比較的発達した非省都都市」，3級都市「西寧，
銀川，江門，東山などその他の省都都市または大
きな非省都都市」（Kantar 2018）。

　SNS普及率に注目すると，WeChatは中国最大
の通信アプリとして，98％という圧倒的な利用率
を有している。配信アプリのWeiboとTikTokの

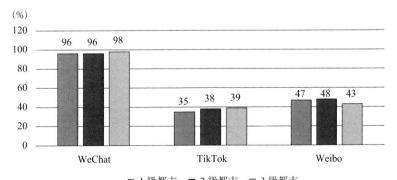

図1　SNS 普及率の都市別割合

出所：Kantar「中国 SNS メディア影響報告レポート 2018」より筆者作成。

利用者は若年世代に集中しているため，利用者率は39％前後となっている。以上の大手3社のアプリに関して，都市ごとに大きな差は見られず，都市間での普及率にはさほどの差が存在しないことがわかる。

　しかし，大手のSNSとは違い，「火山」「家車」「快手」「梨動画」は比較的農村部で盛んとなるSNSアプリである。その理由として，これらのアプリは格安スマートフォンに付随して，低所得の3級以下の都市，または農村部でより多く販売されていることが推測される。2018年，「快手」で商品を販売したユーザーのうち，115万人が貧困県出身で，年間売上高は193億元に達した。王（新華網 NEWS 2019）によると，2018年に1,600万人を超える人口が「快手」プラットフォームで収入を獲得し，そのうち340万人以上が国家級貧困県から来たという。「快手」は他のソーシャルビデオやライブストリーミングのプラットフォームとは異なり，より発展途上地域や中国の農村部からのユーザーが多くを占めている。「快手」上のユーザーの少なくとも73％が第1層都市以外からのユーザーである（Axion デジタル経済メディア 2020）。

　上述したように，大手SNSアプリは地域によって普及率の相違は大きくないが，「快手」や「梨動画」のように農村部に利用者が集中するアプリもある。企業はSNSを利用して宣伝活動を行う際に，地域ごとのインターネットとSNSの利用の普及率はもちろんのこと，地域によるSNSアプリの利用状況も無視できない項目となる。

4　企業から見る1〜5級都市の格差と宣伝方法の違い

　本調査では，保利健康産業投資有限公司，トヨタ自動車(中国)投資有限公司，外語教学与研究出版社，上海瑞茵健康産業有限公司開心農場の4つの企業を対象にインタビューを行った。ここでは，上述した問題意識を念頭に，保利健康産業投資有限公司，トヨタ自動車(中国)投資有限公司の2つの企業の取り組みを紹介する。

　実際に企業のSNS広告で都市の区別が行われているのかを明らかにするため，以下の通り質問を投げかけ，回答を得た。

　「SNSで広告を出すとしたら，1級都市から5級都市までのSNS普及率の違いを意識するか？」という質問に対して，保利健康産業投資有限公司は「意識する。私たちがSNSでの広告対象にしているのは，主に1・2級都市である。3・4・5級都市では所得水準が低く，集客率が悪い。これらの地域では企業活動が成立しない」と回答した。一方，トヨタ自動車(中国)投資有限公司は「意識する。大都会の自動車普及率は高く，自動車販売制限が徐々に増えていく可能性がある。そのためこれから市場拡大の一番大きな潜在力を持つ3級以下，4級都市を非常に重視している」と述べた。

　保利健康産業投資有限公司は高級なサービスを売りとし，1級都市から2級都市での市場拡大を狙う時期である。それに対し，トヨタ自動車(中国)投資有限公司は1級から2級都市などの大都市での自動車の普及率が高くなったことで，新たな市場を探している。企業がターゲットとしている消費者層がどこにあるかということによって，地域格差を意識する結果と考えられる。

　先述した保利健康産業投資有限公司の回答の，「3級以下の都市は所得水準が低く集客が難しい」という意見に対して，3級以下の都市を重視しているトヨタ自動車(中国)投資有限公司は「SNSで広告を出す際に，都市の所得というよりも，予算の組み立て方，トヨタ車のシェアが考慮要素になっている。トヨタの車が売れていないところはある程度予算の規模は縮小されたりする。しかし，その分ディーラーやリージョンを巻き込んでそこにタイアップしてもらう」といった対策を講じている。「ソーシャルメディアでのタイアップのときでも，意図的に，例えばTikTokや火山のような，農村で人気を集めているアプリに注目し，3・4級以下の都市に営業拠点を構えるディーラーなどを誘導して火山のアプリを使用するなどという指導もしている。私たちも，それを忘れずに車の車種によって，ターゲット層によって時々，TikTokではなくて，火山というアプリとのタイアップという仕掛けをしたりすることもある」と述べ，使用するSNSも顧客層に応じて慎重に選んでいることがわかった。また，「SNSで広告を出す際に

重視するのは，SNS の普及規模なのか，SNS 利用者の利用目的なのか」という質問でも，「一概には言えず，案件ごとに SNS を使い分ける。もちろん普及率の高いソーシャルメディアは必ず使っている。実際に使用者の分析データを入手して車のターゲット層に合致するところは，全体から見て影響力が高くなくても，自動車の消費者になりうる。私たちの車の消費者になりうる潜在力のある層が良く使っているソーシャルメディアは，やはり規模が小さくてもさまざまな形のタイアップをしている。影響力が高いタオバオとかとも手を組むし，自動車専門サイト（家車）などとも，案件ごとに組んだり組まなかったりしている」という回答が得られ，以前の回答の裏付けとなった。

まとめ

　本調査は，中国の都市と農村との間に存在する激しい格差を背景に，インターネット普及率と SNS 普及率の関連性，1 級から 5 級都市までの SNS 普及率の違いが企業の SNS マーケティングに与える影響と，それに対応する効果的な宣伝方法の 2 つの視点で SNS マーケティングを見た。

　調査の結果からわかるように，企業は SNS を利用して広告宣伝を行う時，まず自社のターゲット層になりうる人がいるのかを考慮する。3・4・5 級都市に市場潜在力があると思えば，企業は SNS 普及率の問題に注目する。商品を効果的に宣伝するために，企業は各 SNS の特徴をしっかりと把握しなければならず，また，ターゲットにあわせて，多様な視点から異なる SNS を選択する必要があると感じた。

参考文献

CNNIC（2020）「中国インターネット発展状況統計報告 2020」 https://www.cnnic.net.cn/hlwfzyj/hlwxzbg/hlwtjbg/202009/P020200929546215182514.pdf（アクセス日：2020.8.25）

馮嘉会，汗志平（2019）「中国におけるネットショッピングの発展」札幌大学総合論叢，第47号，p. 115.

AFPBB News（2020）「インターネットによる貧困扶助が新たな生活をもたらす」 https://www.afpbb.com/articles/-/3292227（アクセス日：2020.9.26）

Iresearch（2019）「中国の SNS 市場の収益は2020年に270億元を超えると予測」 http://www.iresearchchina.com/content/details7_52741.html（アクセス日：2020.9.25）

KantarMedia（2018）「中国 SNS メディア影響報告レポート 2018」 http://www.199it.com/archives/820382.html（アクセス日：2020.8.25）

新華網 NEWS（2019）「快手扶貧創新実践: 正成为脱貧攻堅新力量」 http://www.xinhuanet.com/tech/2019-06/11/c_1124608234.htm（アクセス日：2020.11.25）

Axion デジタル経済メディア（2020）「快手　農村部で人気の TikTok の対抗馬」 https://www.axion.zone/kuaishou/（アクセス日：2020.11.25）

Ⅴ　事例からみる SNS を活用した企業のマーケティング戦略

中根　優

はじめに

　中国では，インフルエンサーマーケティングが日本より盛んになっている。その市場は年々拡大しており，KOL（＝中国版プロブロガー，インフルエンサー）という言葉が世界で知られ始めている。中国ではグローバルな SNS の利用が制限されている。Facebook, twitter, Instagram, LINE といった SNS から YouTube, Google などは利用することができない。中国国内では WeChat でメッセージのやりとりをしたり，電子決済を行ったり，中国版 twitter である Weibo が一般的に使われている。中国のような SNS の選択肢の少ない市場こそ企業にとって宣伝に必要な資金や労力等を分散せず，限られた選択肢を有効活用することができたとも考えられる。本稿では中国の SNS の利用環境を紹介した上で，SNS を活用した成功事例を通して，中国企業のマーケティング戦略について検討する。

1　中国における SNS の利用環境

　中国における SNS プラットフォームは，世界展開している SNS プラットフォームの中国版というものである。通信用アプリでは LINE に相当する「微信」（WeChat）や中国版 twitter「微博」（Weibo），動画配信アプリでは中国版 YouTube「優酷」（Youku）や「抖音」（TikTok）などが最も主要な位置を占めている。このほかに最大のオンラ

インショッピングモールであるアリババがライブ配信プラットフォーム「淘宝網」（タオバオ）などを運営し，金融，通信，交通，小売，飲食，娯楽など市民の日常生活に関わるすべての業種においてSNSが参入しているといっても過言ではない。こういった市民のニーズに応えようとして，中国の企業はSNSを利用して，マーケティング戦略を展開している。インフルエンサーマーケティング（KOLマーケティング）はその重要な一環となる。

　上述したように中国では海外で一般的に利用されるSNSにアクセスすることはできず，14億の国民のほとんどが国内のSNSを利用している。その結果，日本の400億円程度の市場規模に対して，中国のインフルエンサーマーケティングは年間1兆7,000億円規模と言われている（スナップレイス・タレント）。つまり，中国と日本との間の約11倍の人口比率を考えても，日本の42.5倍規模のインフルエンサーマーケティングを有する中国のSNS市場は日本よりはるかに発達していることがわかる。

　スナップレイス・タレントによれば，KOLとはKey Opinion Leaderの略称で，もともと医療業界で多方面に影響力を持つ医師のことを指す言葉であった。最近ではInstagramやYouTubeなど世界的に展開するSNSを主戦場にして，影響力を持っている人たちのことを指す。KOLには芸能人も多数含まれているが，芸能経験のない一般人の方が多い。特にコスメや美容系，ファッションなどの分野ではKOLとして活躍する人が数多くいる。KOLの活動はライブ配信するだけのライブコマースとライブ配信及び文章投稿の両方で商品を販売する方法に分かれる。後者は文章を用いることでより丁寧に商品の説明を行う。

　インフルエンサーマーケティングをめぐる日本と中国との違いは，主に市場規模の大きさと消費者に与える影響力にある。中国は世界1位の人口規模を持ち，データ通信やコンピュータなど電子的な手段を介して行う商取引市場（以下ではEC市場と略す）の規模は70兆円以上といわれている（スナップレイス・タレント）。インターネットを通じて遠隔地間で行われる取引では商品の信

用問題が問われる。したがって，EC市場ではKOLが鍵を握っているといっても過言ではない。特に，模倣品や偽造品が横行する中国では信頼できる商品をECで購入することはより一層困難になる。こうした事情からKOLに紹介される商品が幅広く信頼され，世界的にみて中国は早い段階でKOLによるプロモーションが行われた。現在，KOLのファン（＝フォローしている人）は中国全体で6億人近くにも達しており，フォロワー数が4,800万人を超えるKOLも存在する（スナップレイス・タレント）ほど中国ではEC市場が小売業界の中で主流を占めている。特に近年，ライブ配信を行いながらテレビショッピングのように商品を販売するライブコマースが注目を集めており，例えば衣類の場合はサイズ，着心地，生地の手触りなど，映像だけでは伝わらない部分に関する視聴者からの質問に対して，KOLが即座に回答する双方向性が効果を発揮している。

2　成功事例の紹介

⑴　生花ブランドroseonlyの試み

　バレンタインデー，ホワイトデー，母の日から七夕にかけて，李小璐，楊冪，李云迪，林志穎などの芸能人や有名人を微博での宣伝に起用した。それにより，roseonly公式Weiboに著名人のファンが殺到し，短時間でユーザーが数万人にも上った。良質な製品とサービスを提供しているため，roseonlyは著名人を起用する以外の宣伝広告費をほとんど使っていない。花を受け取った女性によるWeibo，WeChat上での発信は，宣伝効果を継続させている。この方法は，中国の消費者が身近な友人，知人による口コミを信じる傾向，つまり，伝統的なメディアが果たせない効果を巧みに利用したものである。

⑵　KOLの活躍

　次は，中国で活躍しているKOLの特徴について紹介する。

　中国には100万人以上のフォロワーを獲得しているインフルエンサーが2万人もいる（スナップレイス・タレント）。そのうちWeiboで432万人のフォロワーを獲得し，TikTokで710万人のフォロワーを獲得した張凱毅は際立つ存在である。張

凱毅は2017年11月28日にSNSを開始し，わずか9カ月後には432万人ものフォロワーを獲得している。「淘宝網」（タオバオ）に開設した自らセレクトした化粧品の店は毎月約2,000万元（約3億3,000万円）を売り上げている。張凱毅は革新的なメイク技術，カリスマ性，男性的な発言スタイル，ファンの質問にはしっかり回答する態度，商品の高い品質により高い人気を集めた。

中国国内の商業価値の第2位のKOLの雪梨（Cherie）は自らのアパレルECショップを持っており，2017年，中国EC最大イベントであるダブル11[1]（11月11日，独身の日）では350秒で1億元（17億円），2時間で2億元（34億円）の売り上げ記録を作ったことで話題となった。また，中国のオフラインとオンラインの連動キャンペーンである2018年のダブル12[2]（12月12日）では，TikTok経由のユーザーの注文件数が120万件以上になったことで大きな話題になった。TikTokは，フォロワー同士がコミュニケーションをとることで，親近感がわき，価値観を共有する特徴を持つ。この特徴を利用した販売促進は雪梨の成功につながったと考えられる。

中国のEC界で最も影響力を有する張大奕はモデルとして活躍した経験を持ち，2014年に「淘宝網」（タオバオ）でショップを出店した。500万人のフォロワーを有する張大奕は主にライブ配信で視聴者に購入を促す方法をとっている。販売している商品は化粧品，洋服などファッション・コスメに関するもの。自分で着用したり，使用したりする様子を見せながら視聴者の質問に積極的に答えていく，というスタイルで配信を行っている。双方向にコミュニケーションをとることが人気の理由となり，2015年のダブル11に2時間で2,095万5,000元（3億4,000万円）を売り上げた実績を持つ。

以上の事例は中国のEC市場におけるKOLの影響力を示し，企業によるKOLの活用は商品の売上に大きく貢献することがわかった。

3　調査結果

本年度の現地調査は中国中軽国際控股有限公司，トヨタ自動車(中国)投資有限公司，外語教学与研究出版社，上海瑞茵健康産業を対象に行った。

SNSの利用に関して，中国中軽国際控股有限公司は，目的別にWeChatとTikTokを使い分けている。WeChatは主に企業の求人情報を載せるために使われ，TikTokは体操などの入居者たちの日常の様子を配信するために使われる。この会社はKOLを起用せず，会社の職員が動画を作ってアップロードしている。TikTokを利用する目的は，入居することの楽しさと介護職に対する負のイメージを払拭するために若い世代へ発信することである。

トヨタ自動車(中国)投資有限公司は，WeChatのミニプログラムを活用して顧客データを取り，分析をしている。ダブル11やダブル12では淘宝（タオバオ）と連携しながら車の販売，ネット上の展示会を行っている。

また，SNSを使い，ネット上に散見するユーザーの声を拾うことや，顧客に乗車感想をアップロードするのを依頼するなど，情報収集と発信を行っている。自動車業界初のインフルエンサー教室を開き，100ディーラーが参加した。撮影の教育指導をしてライブ中継できるように準備をしていたため，新型コロナウイルスが流行してもすぐにライブ中継を行うことができ，反響があったそうだ。来年はさらに強化していきたいという。この調査結果から，新型コロナウイルスの影響により店舗での対面販売でなくてもSNSを活用したオンラインイベントを行うことで，コロナショックをそれほど受けずに乗り越えたことがトヨタの強みだと感じた。コロナの影響により自動車販売店の活動に深刻な影響を与えたが，トヨタ自動車(中国)投資有限公司はSNSを使って顧客と積極的にコミュニケーションを図り，マスクを送るなどの支援で企業のイメージアップにつながった。その結果，2020年後半には迅速な販売の回復を実現した。そのため，これからの時代はSNSを活用した宣伝が重要になってくると考える。

トヨタ自動車(中国)投資有限公司では宣伝の際，主に有名人を起用しているが，KOLを起用する場合もある。新車の発表はとても重要なイベントとなる。「TOYOTA」のブランドイメージを守りたいため，有名人が起用されるという。有名

人を起用する際は，1，2年間と契約期間が長いため，知名度が高いこと・車のイメージに合っていることに注意して選ぶ。カローラハイブリッドの宣伝には女性タレント（高圓圓）を広告撮影に起用して，イベントなどにも参加した。KOL は，新車を発売する時の期間限定のイベント時に起用するという。その際，KOL はイベントごとに毎回変えるそうだ。KOL は問題が起きた時に対処しやすく，気軽に起用できるという利点がある。KOL を選ぶ際は，基本的にはフォロワー数が多く，有名であることを重視している。しかし，SNS 上ではフォロワーを買うこともできるので，正確性がわからない点が難しい。また，KOL によって出演料金が違ってくるので慎重に選ぶという。

外語教学与研究出版社は，WeChat，Weibo，TikTok，bilibili などの SNS を利用するが，宣伝に費用をかけられないため，KOL を使うことはない。その代わりに大学の教授などの専門家を招待して研究フォーラムを開き，宣伝をする。研究フォーラムの様子をオンラインで配信することで宣伝効果が得られる。

上海瑞茵健康産業は，体験型農業企業であるため，KOL は使っていない。Weibo，WeChat，TikTok を利用する宣伝も行っているが，SNS での宣伝よりも，対面のコミュニケーションを大切にして，その理念を SNS で発信している。主な宣伝は，農場に来た顧客により，体験情報を SNS に載せて発信する方法を用い，その効果は顕著に表れている。

まとめ

本調査は4つの中国の企業を対象に行い，どの企業も SNS を活用していること，宣伝目的によって各企業は SNS の種類を使い分け，宣伝していることがわかった。どの企業も WeChat と Weibo を使用していることが共通していた。トヨタ自動車(中国)投資有限公司を除いた3つの企業は，有名人や KOL を起用せずに自分たちで SNS を使って宣伝していた。このことから，費用をかけなくても SNS が十分な宣伝効果を発揮する点がわかった。そして，調査した企業は，先行研究で言及した SNS を活用した成功例に共通している点が多かった。

日本と異なって，中国では SNS を利用した宣伝は主であり，当然の方法であることと調査を通じて痛感した。世界の多くの人が SNS を利用する今の時代では，宣伝費用をかけず，SNS を活用して多くの人に発信する方法の有効性は極めて大きい。特に，新型コロナウイルスを始めとするさまざまな感染症が流行する場合，この宣伝方法は人の居場所に左右されない有効なものである。今後，日本企業も中国の事例を参考に，SNS による宣伝を検討すべきではないかと考える。

注

1）ブランド創出の極意「W11（ダブルイレブン）とは？ 中国で開かれる EC セールについて」 https://bragoku.jp/special-article/181031/（アクセス日：2020.11.22）
2）中国ビジネスニュース『「ダブル12」とは？ ダブル11に続く中国ネット商戦を追う』 http://www.clips-web.co.jp/chinablog/2015/01/07/post-229/（アクセス日：2020.11.22）

参考文献

ブランド創出の極意（2018.10.31）「W11（ダブルイレブン）とは？ 中国で開かれる EC セールについて」 https://bragoku.jp/special-article/181031/（アクセス日：2020.11.22）
中国ビジネスニュース（2015.1.7）「「ダブル12」とは？ ダブル11に続く中国ネット商戦を追う」 http://www.clips-web.co.jp/chinablog/2015/01/07/post-229/（アクセス日：2020.11.22）
スナップレイス・タレント（2019）「インフルエンサーマーケティングの最先端。中国の成功事例」 https://snaplace.biz/influechina/（アクセス日：2020.11.22）
百度文庫（2018.9.26）「社交媒体対企業市場営銷的影響」 https://wenku.baidu.com/view/3ea87a8989eb172ded63b7d4.html（アクセス日：2020.11.22）

Ⅵ　中国企業におけるマーケティング戦略
岩見茉那

はじめに

以前現地プログラムで中国の天津を訪れた際，まず感じたことはキャッシュレス化が日本よりも遥かに進んでいることであった。そして，買い物

に行った時や，電車やバスに乗った際に若者から高齢者までスマートフォンを欠かさず持っていたことも気になっていた。日本人に比べ，中国人にとって日常生活におけるスマートフォンへの依存が高く，情報入手するための重要なツールとなっていることを痛感した。

　また，企業によって商品の宣伝を行う際，日本でもテレビ，新聞，看板，ラジオ，SNSなどの方法が用いられてきたが，中国ではそれらの宣伝方法のうちSNSでの口コミを重視する人が多い。そこから推測して，中国企業もSNSによる影響を無視できず，マーケティング戦略[1]を検討する際も重視する項目の一つとして考慮するのではないかと考えた。

　SNSを利用したマーケティング戦略に興味を持った時，「網紅」[2]という言葉を初めて耳にし，その意味を知った。これをきっかけに筆者は網紅の影響力やメリット，企業が網紅を利用する理由などについて明らかにしたいと考えた。今回の現地調査では，SNSの視点から中国企業はマーケティング戦略をどのように行っているのか，また中国企業が網紅を起用することによって，中国人の消費行動にどう影響しているのかを検討することが目的である。調査では，トヨタ自動車(中国)投資有限公司，保利健康産業投資有限公司，外語教学与研究出版社，上海瑞茵健康産業有限公司開心農場の全4社にインタビューして，中国では網紅を使用する企業が多いが，業種や商品，特に日用品に限定されていることが多いということが明らかになった。調査結果に基づいて，企業と顧客の信頼関係の構築は商品の販売において極めて重要であり，今後マーケティング戦略の中で最も重視しなければならない課題であることが言えよう。

1　中国におけるEC市場の実態

　日本に比べ，中国EC市場は発達しており，影響力も強い。そのため，多くの企業は伝統的な宣伝，販売方法を維持しながら，EC市場の開発に力を入れている。以下ではいくつかの成功事例を具体的に紹介していきたい。

　「完美日記」（Perfect Diary）は，2017年に天猫[3]でECショップを開店し，SNSを使ったプロモーションで成功したブランドである。ブランドが誕生してすぐに「天猫で最も売れているコスメランキング」で上位10位にランクインした。また2018年，天猫の99セールの際に，「最も売れているコスメランキング」で1位に選ばれ，翌年の売上高は前年比11.93％に増大した。そして，2019年のW11（11月11日）で「メイベリン」「エスティローダー」「ランコム」等の高級ブランドの売り上げを超えるほどの大人気ブランドになった。化粧品業界の競争は非常に激しく，売り上げを伸ばすには商品の品質とプロモーションの両方の成功が必要となる。その中で「完美日記」は，巧みにKOLを利用してプロモーションを成功させた。その具体的な方法は以下の通りになる。

　まず，ターゲット顧客層を明確にし，SNSから手を打つことである。天猫のコスメ消費者層のデータによると，85年，90年，95年生まれの女性たちは美容のコア消費者で，特に95年生まれの女性消費者人数が飛躍的に上昇していた。その年代の消費者たちは，従来のテレビ広告等のプロモーションより，SNSで影響力のあるKOLやKOC[4]のコメントを信用する傾向があった。そのことから，「完美日記」は90年，95年生まれの若い女性をターゲット顧客に定めた。そして，若者が多く利用している「小紅書」「ビリビリ動画」「抖音」（TikTok），「WeChat公式アカウント」等のSNSプラットホームを中心にプロモーション予算をかけている。2つ目は，新商品のイメージキャラクターとして芸能人を起用しないことである。ほとんどのブランドが芸能人をイメージキャラクターに選定しているため，ブランドにその芸能人のイメージが定着してしまう。また，芸能人の起用には膨大な費用が伴うだけでなく，芸能人のスキャンダルはブランドのイメージに悪影響を与え，企業にとってリスクが高い。それに対して，美容系KOLであれば，スキャンダルのリスクが低く，プロモーション費用も芸能人ほど高くない（橋本2020）。

　例えば，「豚ちゃんパレット」という化粧品は，イメージキャラクターに微博で約500万のフォロワー数を持つ「小猪姐姐」（こぶたおねえちゃん）

を起用した。「豚ちゃんパレット」の色味はピンク寄りで，ハンドルネームも「日本・韓国風」メイクを得意とする小猪姐姐は商品イメージに合致し，起用された。それに対して，アジアンメイクに適している色味を持つ「虎ちゃんパレット」は，外見が綺麗で凛々しい雰囲気を持つKOL「仇仇」を起用した。仇仇の微博フォロワー数は約600万人で，彼女のファンもアジアンメイクに興味を持つ人が多い。その結果，企業の狙い通り，商品イメージに相応しい美容系KOLをイメージキャラクターにすることで，商品はSNSにおいて高い口コミの評価を得ている。

完美日記は，新商品をリリースした際に，プロモーションを初期，中間期，後期と期間ごとに分けて実施している。上記の「動物アイシャドウパレット」を例にすれば次の通りになる。

・初期（3月5日〜3月15日）
　　→トップKOLを起用し，情報拡散
・中間期（3月16日〜3月31日）
　　→中間層のKOLを起用し，質の良い内容の口コミ投稿を拡散
・後期（4月1日〜4月15日）
　　→大量のKOLを起用し，話題を持続させる

新商品をリリースした際には，このようなプロモーションを行っている。トップKOLや中間層のKOLの口コミの投稿を見て，試し買いをする消費者たちはさらに口コミ投稿をするようになる。そうすることで，一般消費者の口コミが徐々に増えていく。こうした一般人による口コミは非常に重要で，口コミが多ければ多いほど信頼性に繋がり，ブランドイメージを高めることができる。

このように，完美日記はSNS上で最も人気が高いブランドで，新商品がリリースされるたびに話題を集めている。この事例から，口コミを最も重視する中国の化粧品市場におけるプロモーションの特徴が窺える。

2　調査結果

今回の調査では，トヨタ自動車(中国)投資有限公司，中国中軽国際控股有限公司，外語教学与研究出版社，上海瑞茵健康産業有限公司開心農場の全4社に対してインタビュー調査を行った。

トヨタ自動車(中国)投資有限公司は世界的に圧倒的な知名度を有する「トヨタ自動車」の中国現地法人であるため，企業の実力を示すテレビコマーシャルや看板を利用することが多い。また，消費者の口コミを重視して，時と場合によってタレントと網紅を起用する。網紅は，気軽に利用できる点から，イベントごとに使われる。無論，気軽に利用することができるといっても，企業側のブランドイメージを壊さないように，事前に消費者情報やターゲット層を広告代理店に伝え，その案や予算などを含め，どの網紅を採用するかを判断する。網紅には目標が課せられており，目標を達成すればすべての代金が支払われる。ただし，当初の目標に到達していなければ，目標が達成するまでイベントの開催などさまざまな工夫が課せられる。

網紅を起用する基準としては，主にフォロワー数である。フォロワー数によってオファー金額も異なる。新聞では発行部数，テレビでは視聴率といった評価基準がはっきりとしているが，網紅の場合はフォロワー数の信ぴょう性が問われることが多い。したがって，広告宣伝部では独自に評価基準を考え，必ずしもフォロワー数が一番多い人を選ぶわけではない。

中国中軽国控股有限公司，保利健康産業投資有限公司は，タレントや網紅を起用する代わりに自社で抖音（TikTok）の作成やテレビコマーシャルを利用していた。対象者が若者ではなく高齢者であるが，入居者のお金を払うのはその子ども世代であるため，その子ども世代へのアプローチにも心掛けている。高齢者は網紅の存在がわからないため，お金を払ってタレントや網紅を雇うより，自分たちの社内から網紅が宣伝しているような宣伝方法(自分たちで動画を作りアップロードする)を行っている。抖音では，主に利用者である高齢者の毎日（体操など）をアップロードしている。この目的は宣伝ではなく，介護職に対して大変そうだと思っている人（特に若者）に対して負のイメージを払拭するために行われている。これにより，介護職に興味を持って就職する人や，会社名

を知っているという人も増えたそうだ。

　外語教学与研究出版社は知識産業であるため，網紅より有名な学者，教授を宣伝に利用していた。企業のイメージ以外にも，タレントや網紅を起用することは高額であるため，教育・出版業界では起用されない傾向がある。この場合，専門家や有名な学者教授は教育業界のインフルエンサーであるともいえよう。

　上海瑞茵健康産業有限公司開心農場では，宣伝ではなく実際に体験してもらった利用者からの口コミを利用しており，SNS でのコミュニケーションよりも，対面のコミュニケーションが多かった。対面コミュニケーション（口コミ）を重視して，情報を発信する仕組みであった。

まとめ

　上述した調査結果から，中国では網紅を使用する企業が多いが，業種や商品，特に日用品に限定されていることが多いと明らかになった。また，タレントや網紅を利用する企業のターゲット層は若者であり，若者を宣伝対象としない企業は，それぞれの消費者層のニーズに合わせて社内で動画を作成することや，実際の体験に参加させ，利用者からの口コミによる宣伝を行うなどの方法を取り入れた。企業によって具体的な宣伝方法は異なっていたが，中国人消費者の口コミを信用するという特徴を活かした方法において，各企業では共通する。

　現在の中国人の多くが微信や微博をほぼ利用していることから，SNS による宣伝はますます発展していき，口コミは今まで以上に重視されるだろう。しかし，如何なる有効な宣伝方法であっても，パフォーマンスにしか過ぎず，企業にとって，顧客との信頼関係を築くには品質管理と誠実な対応こそ確かな方法であることを強調しておきたい。

注

1 ）マーケティング戦略とは，市場や顧客を把握・分析した上で，自社が提供する商品（製品）・サービスをどのようにアプローチするかを策定・実行するための戦略を指す。具体的なマーケティング戦略は多くの識者によって数多く提唱されており，資本規模や取り扱う商品（製品）・サービス，業界に応じて実施する内容が異なる。「マーケティング戦略とは？　基礎知識やフレームワーク，代表的な戦略をご紹介 /BizHint HR」　https://bizhint.jp/keyword/173465（最終アクセス日：2020.9.28）

2 ）網は中国語でネット，紅は中国語で有名／人気という意味合いで使われている。つまりインターネット上で有名な人，日本ではインフルエンサー（KOL）がこれにあたる。中国では正にインフルエンサーバブル時代（網紅経済）と呼ばれ，一種の社会現象として取り上げられている。トラディショナルな広告を信じる人が少ない中で，友人の口コミ，自身が好きなインフルエンサーの紹介が直接の購買動機になっていく。「中国のインフルエンサー「網紅」（ワンホン）とは？」　https://blog.webtvasia.jp/?p=135（最終アクセス日：2020.11.26）

3 ）天猫（T モール）は，中国最大手アリババグループが運営する，中国向けのショッピングモールのこと。年間購入者数が 8 億人を超え，中国国内の EC 市場で約半数以上を占める，巨大プラットフォーム。「天猫（Tmall）とは？　中国マーケティングの最新トレンド」　https://www.atglobal.co.jp/strate/8566（最終アクセス日：2020.12.25）

4 ）「KOC」とは，Key Opinion Consumer（キー・オピニオン・コンシューマー）の略で，特にレビューサイトで影響力を持つ人物のこと。フォロワー数は，「KOL」と比較すると少ない傾向にあるが，消費者視点で商品・サービスを使い込み，その特性を的確なメッセージで広め，購買意欲を掻き立てる役割を果たす。「『KOL』『KOC』って何ですか？　フォロワー数に惑わされないインフルエンサーマーケティング＿とりもち」　https://www.torimochi.jp/920/（最終アクセス日：2020.9.28）

参考文献

中国トレンド研究所@橋本（2020.6.8）「3 年連続 No. 1 に選ばれた，中国の化粧品ブランド『完美日記（Perfect Diary）』のプロモーションをご紹介します。」　https://note.com/hashimotochan/n/n097c7c69aeed（最終アクセス日：2020.9.22）

行動日誌

10月29日㈭

　今日は午前に北京外国語大学の学生との顔合わせと北京外国語大学の先生 2 名による講義がありました。一人ずつの挨拶は緊張しましたが，午後の討論会では講座内容について意見を交わすことができて有意義な一日となりました。（張）

10月31日㈯

　今日は午前に 2 つの講義を受け，午後は北京外国語大学の学生と討論会がありました。

　講義で教わった現代中国の郷鎮化や女性就業の内容を中心に，午後の討論会での意見交換でリアルな中国の動きや活動を知ることができました。（鬼頭）

11月 2 日㈪

　今日は保利集団傘下の中国中軽国際控股有限公司・保利健康産業投資有限公司とトヨタ自動車(中国)投資有限公司との座談会がありました。この座談会で，各企業について詳しく知ることができ，充実した時間となりました。明日も頑張ろうと思います。（中根）

11月 3 日㈫

　座談会 2 日目，今年は現地に行って調査が行えないため zoom を使って現地調査を行いました。午前は外語教学与研究出版社，午後は上海瑞茵健康産業有限公司に質問をして，各企業のマーケティング戦略について知ることができました。（中野）

11月12日㈭

　今日は報告会リハーサルでした。中国語を流暢に話せるか不安でしたが，中国人学生と何度か練習したので思ったより緊張せず話すことができました。本番までに原稿の見直しをし，最高の報告会にしたいです。（岩見）

11月14日㈯

　前日に，北京外国語大学の学生に発音や文法をチェックしていただいたこともあり，全員がきちんと伝わる発表を目指して臨めたのではないかと思いました。私個人としては，原稿を短くするのに手間取った部分はありましたが，自分の言いたいことが伝えられたのかなと思います。（阿久津）

第2部

第22回日中学生国際シンポジウム

第22回現地研究調査オンライン報告会
「日中学生国際シンポジウム」プログラム

開催日：2020年11月14日（土）

会　場：zoom

主　催：愛知大学現代中国学部，北京外国語大学日語学院

開幕式
14：00　開幕挨拶
　　　　北京外国語大学　孫有中　副校長
　　　　愛知大学　川井伸一　学長
　　　　北京外国語大学　呉忠璇　学生代表
　　　　愛知大学　大村綾　学生代表

研究発表
14：20　人的資源管理チーム発表
14：50　　　　　　　　　　講評，感想（北京外国語大学：林崇威，趙金玉）
15：05　女性の働き方チーム発表
15：35　　　　　　　　　　講評，感想（北京外国語大学：武鈺茜，任乾源）
15：50　休憩
16：05　農村観光チーム　　発表
16：35　　　　　　　　　　講評，感想（北京外国語大学：陳一笛，宋寧静）
16：50　SNS チーム　　　　発表
17：20　　　　　　　　　　講評，感想（北京外国語大学：劉沢儒，呉忠璇）

17：45　休憩

17：45　総評
　　　　北京外国語大学　北京日本学研究センター区域与国別研究センター　丁紅衛　主任
　　　　愛知大学　現代中国学部　砂山幸雄　学部長

閉幕式
18：05　修了証書授与
　　　　閉幕挨拶
　　　　　北京外国語大学　日語学院　徐滔　院長
　　　　　愛知大学　現代中国学部　砂山幸雄　学部長
18：20　閉幕

第22回日中学生国際シンポジウム参加者名簿

（現代中国学部生を除く）

●北京側

孫有中	北京外国語大学副校長
徐滔	北京外国語大学日語学院院長
熊文莉	北京外国語大学日語学院副院長
丁紅衛	北京外国語大学北京日本学研究センター区域与国別研究センター主任
魏然	北京外国語大学日語学院本科教研部主任
孫暁英	北京外国語大学日語学院秘書
劉楊夕林	北京外国語大学日語学院秘書

●北京側学生

姜笑宇	北京外国語大学日語学院大学院生
葉鑫宇	北京外国語大学北京日本学研究センター大学院生
蔡璟昱	北京外国語大学北京日本学研究センター大学院生
劉宸瑋	北京外国語大学日語学院大学院生
林崇威	北京外国語大学日語学院
趙金玉	北京外国語大学日語学院
王孟瑜	北京外国語大学日語学院
黄嫣然	北京外国語大学日語学院
武鈺茜	北京外国語大学日語学院
賈晨雨	北京外国語大学日語学院
王一舒	北京外国語大学日語学院
任乾源	北京外国語大学日語学院
岳忠昊	北京外国語大学日語学院
陳一笛	北京外国語大学日語学院
宋寧静	北京外国語大学日語学院
呉忠璇	北京外国語大学日語学院
張鑫雨	北京外国語大学日語学院
王志涵	北京外国語大学日語学院
劉沢儒	北京外国語大学日語学院

●日本側

川井伸一	愛知大学学長
砂山幸雄	愛知大学現代中国学部学部長

指導教員

唐燕霞	愛知大学現代中国学部教授（実施委員長）
金湛	愛知大学現代中国学部教授（実施委員）

連絡係

吉岡侑太郎	（国際交流課）

各チーム発表内容と総評

人力资源管理组

在中国打造成功企业的要素

三谷莉菜　桥本诗礼爱　白木梨乃　村濑志织
梅村萌花

大家好，我们是人力资源管理组。我们围绕"在中国打造成功企业的要素"这一主题，从4个方面展开了调查。

这次我们同保利集团公司下属的中国中轻国际控股有限公司和保利健投、丰田汽车投资有限公司、外语教学与研究出版社、上海瑞茵健康产业有限公司开心农场4家企业开展了座谈。非常感谢这几家企业的帮助。

接下来我想介绍一下我们的调查目的。我们的调查主题是，在中国打造成功的企业需要哪些要素。每天都有新的企业在诞生，与此同时也有很多企业正在消失。要在竞争激烈的中国市场拓展企业的业务，需要企业做出各种各样的努力。因此我们聚焦"企业如何长期确保优秀的人才"进行研究。中国商界的现状是，随着时代的变化，新的问题也在出现。如今人才流动激烈，存在如下几点原因：高层次人才极为短缺，低素质人员严重过剩；企业在寻找有工作经验的人，而不具备工作经验的学生正苦于寻找适合自己的企业，企业与年轻人的需求存在偏差。

另外，我们还从雇用、晋升、福利、人才培养这4个角度出发，对各个企业进行调查、比较，以人才确保为课题进行研究。接下来是具体的调查内容。

首先是关于雇用的报告。

在先行研究中，主要分析的是日本和中国企业员工雇用形式的不同。日本企业主要采用员工终身雇用制，意在培养具有广泛知识和技术的员工，而中国企业则采用流动雇用制度，选拔最适合这个岗位且有经验的人才。因此，想要进军中国市场的日本企业必须要做到雇用制度本土化，改变终身雇用制度。日本企业想要在中国得到发展，促进中国型人才和日本公司企业文化的融合十分重要，因此有必要将日本独特的企业文化和理念与中国人的价值观相结合。根据实际调查，我们了解到中国企业针对如何防止优秀人才流失这一问题采取了不同的解决办法。

首先是关于保利集团公司下属的中国中轻国际控股有限公司和保利健投。该公司的主营业务是看护高龄老人，离职率很高，其中大部分是年轻人，所以如何留住年轻员工成为问题，保利公司的做法是提供与工作强度适配的高收入，提供丰富的饮食和良好的居住场所，另外保险方面也提供保障。而且，中国政府会奖励工龄高的员工，从国家预算中拨款给予每年数万元的奖励金，以资鼓励。

接下来是丰田汽车投资有限公司。在工厂、销售、市场营销、研究开发等不同部门的人事管理中，英语人才的流动倾向很强，通过培训、轮岗、加薪、职位晋升制度留住人才。另外，跳槽到其他汽车行业的人才经过了几年，有回流的倾向，由此可以反映出丰田人才培养体系的优越性。

接下来是外研社。外研社通过提供高水平的教育和研修，对优秀人才进行培养。

最后是上海瑞茵健康产业有限公司开心农场。公司的负责人描述了农场需要的人才是什么样的，在最后强调年轻一代改变对农业的偏见，提高意识才是未来农业发展的关键。

---

* 口頭報告は中国語で行われたので原文のまま掲載した。またシンポジウムで発表された資料中の図表については，128頁以降にまとめて掲載し，その図表番号を併記した。

综上所述，年轻人的离职率高已经成为不可忽视的现象，为改善这一现象，企业的雇用制度应当做到多样化且具有人情味，一定程度上也要满足员工的需求。另外，随着近年来就业形势的变化，劳动参与率不断降低，随着雇用质量的提高，新技术催生新的就业形态出现，劳动标准和社会保障也必须更新换代，与之匹配。

下面由我来介绍企业的晋升制度，主要内容包括评价标准、评价方法和加薪制度。

先行研究中，我调查了日本企业和中国企业评价标准的不同。有很多日本企业根据责任感和积极性等个人所具有的能力，做出"如果有这个能力的话，应该能胜任这份工作"这样的推定性评价。但这一制度在中国人和美国人看来有不明确的问题。另一方面，中国企业根据工作成果评价员工。根据具体的评价结果，员工更容易制定目标。工作成果直接关系到加薪和晋升。如果以这些为基础进行实际调查，可以发现每个企业都有各种各样的评价标准。此外，我还调查了评价方法和加薪制度。

首先介绍保利公司的情况。在难以确认工作成果的看护业，根据工作态度和积极性来评价。在养老机构工作的工作人员，接受教育和研修之后，可以晋升为机构的负责人。有的人会在1-2年内成为负责人。由于很多年轻职员都希望尽早得到提拔，公司会注重员工的培养。是否有成为管理人员的意愿，也是考虑晋升的重要标准。

接下来介绍丰田公司的晋升制度。丰田的加薪制度分为年终考核和能力考核两大类。年终考核是指根据目标达成程度发放奖金。能力考核是指，每年1月、6月、12月员工和上司根据评价表进行面谈，一起进行目标设定并将评价的结果反映到年末的加薪上。这些都是每年必有的基于工作成果的加薪。在某些年份，公司会根据经济状况和公司业绩进行普遍的涨薪。

评价方法首先由室长对室员进行面谈，在10到20人的"室"中进行相对评价。接着，部长召集室长开会，在部门中进行相对评价。课长以下的评价由此决定。室长以上的评价由管理委员会决定。评价均为相对评价，各阶层由S到C来判定。这个结果直接关系到加薪和晋升。在面谈中，上级会明确提出需要员工付出怎样的努力、提高哪些能力，帮助员工达成目标，从而推动公司整体的发展。

接下来介绍外语教学与研究出版社的情况。外研社比起工作成果更重视品德和价值观。先考察人品和公司的价值观是否一致，再评价工作的成果和能力。只是能力强，是无法得到好评价的。员工可以选择专业职位、管理职位或自己的目标路线。专业职位每年都有评定考试，由此决定评价。管理职位每隔3年就有竞聘。

最后说明上海瑞茵健康产业有限公司开心农场的情况。评价标准是工作成果以外的积极性、团队合作、沟通能力、责任感等综合判断。工作成果因职业不同而不同，例如做农活的人的业绩要看作物的质量。不是自己一个人做，而是重视有没有带动他人的能力，能够积极承担本职工作以外的任务的人，也会得到好评。

正如先行研究所显示的那样，几乎所有的企业都把工作的成果作为评价标准，但是也有重视品德和价值观的企业。所有企业的共同点是，员工可以自己选择做什么工作、向什么方向发展。我认为这个制度对员工和企业都有很好的影响，不仅仅能够防止人才流动，也关系到公司的发展。

接下来我来介绍一下企业的福利制度。企业的福利制度有两种。一个是法定福利，这是法律所要求的。另一个是非法定福利，这是公司自愿提供的。通过先行研究，我发现中日两国的企业大都有费用补助的法定外福利制度。在日本影响大的是职务津贴、住房补助、健康医疗补助、体育休闲补助等基于长远目的的费用补助。在中国影响大的非法定福利是交通费、通讯费、伙食费、冷暖空调费等日常生活的费用补助。

基于上述先行研究，我从两个方面进行了调查，第一、中国企业究竟有什么样的福利？第二、中国人在求职的时候重视不重视福利？由此我将考察中国企业为了创造良好的工作环境，需要什么样的福利制度。

首先关于第一点，我向四家公司询问了"贵公司有什么福利？"第一家公司是保利公司。这家公司的法定福利是五险一金：养老保险、失业保险、医疗保险、生育保险、工伤保险和住房公积金，另外，女性有六个月的有薪产假、还有与儿童有关的费用、礼物等的非法定福利。

第二家是丰田汽车投资有限公司。这家公司除了法定福利外，还有公司的补充医疗保险、伙食费补助、交通费补助、住房补助、公司贡献津贴、生日礼品卡、购买丰田汽车的员工折扣等的非法定福利。听说中国分公司的非法定福利要充实于日本公司。

第三家是外语教学与研究出版社。这家公司除了法定福利以外，还有公司的补充医疗保险、意外伤害保险、重大疾病保险、体检、文体活动、子女的医疗保险、书卡、生日卡、慰问金等的非法定福利。

第四家是上海瑞茵健康产业有限公司开心农场。这家公司除了法定福利以外，还有交通费补助、喜事补贴、生日金、父母的生日礼金等的非法定福利。

接下来关于第二点，我问了北京外国语大学的四位学生"你们求职的时候，重视福利吗？"。他们四人均回答"会重视福利"。重视福利的具体内容是"如果在城市工作，户口落户在当地的福利"、"奖金的形式和数额"、"保险和住房公积金、其他的费用补助"、"与住房以及户口相关的福利"。

从以上的调查结果我发现，其实很多中国企业都有法定福利和先行研究所表述的日常生活的费用补助。同时，四家公司都有与生育、儿童相关的福利，以及生日金等非法定福利，我认为中国企业比日本企业更积极地看待生日、纪念日等。但是从以上两个调查结果来看，很多人不是重视日常生活的费用补助而是重视住房费用补助、户口登记等基于长远目的的费用补助。所以我认为中国企业为了创造更好的工作环境，应该增加基于长远目的的费用补助。

接下来是关于人才培养。

近年来，由于企业的全球化发展、远程工作的普及等，社会在不断发生着变化。与此同时，企业的人才需求也相应地发生了变化。进行适当的人才培养，有助于提高生产力和竞争力。所以，人才培养对企业来说是很重要的经营战略。

人才培养有三个基本方法。包括在职场内进行的 OJT 培训、通过进修项目和讲座等进行的 Off-JT 培训、以及员工的自主技能学习。将这三者进行有机组合是很有必要的。

首先，我想谈谈保利公司的人才培养。保利员工前往日本，作为护工进行 3 到 5 年的工作进修，学习日本的看护系统和专业知识。只要是有进修意愿的员工都可以前往参加。

另外，丰田汽车公司也开展了类似的进修。丰田在日本对中国员工进行 1 到 2 年的培训。在那里学习日本的技术，提高专业性。丰田的人才培养在中国也得到了很高的评价。前往日本进修的员工都会取得晋升优势，成为提拔为干部的备选者。

其次是关于外语教学与研究出版社的人才培养。外研社在线上、线下进行 OJT 和 Off-JT 两种方法的培训。另外，还根据员工的个人意愿进行人才培养。上海瑞茵健康产业有限公司的开心农场开展了各种各样的事业，其各自的工作内容有很大的不同。由于向客人说明时需要用到专业性的知识，该公司为员工们开展了专业性很强的培训。

在中国的人才培养中，进修有利于员工晋升。中国企业的非正式员工数量很少，但他们的培训内容和正式员工是一样的。大学和企业合作进行人才培养等模式也是中国人才培养的特色。

可见中国企业为了确保优秀人才，在人才培养上是下了很多功夫的。

如上所述，综合 4 个角度的调查结果，与日本相比，中国企业具有以下几个特点：人才的流动性、工作方式的变化迅速、职场晋升速度较快、户口问题的障碍、正规员工与非正规员工之间培训内容差异较小、涉及到晋升的培训制度较多等。

同时，我们发现了以下几个亟待解决的课题：在人才确保方面，从雇用的观点来看，要促进雇用的灵活化和多元化，使之适应不签订劳动合同等新的工作方式，并建立与伴随着技术的发展而出现的新型就业形式相对应的工作准则和社会保障制度。从晋升的角度来看，年轻人才流动剧烈，但他们又是宝贵的人力资源，所以要让他们对未来充满信心，对自己的晋升路径有更明确的认识。从福利的角度来看，除了提供日常生活的费用补助外，企业还应该为员工提供本地户口和住房补贴等促进员工长期稳定的雇用的福利。从人才培养的观点来看，企业应进一步加强为晋升服务的培训制度、结合员工个人未来规划进行培养的制度、结合中国文化和习惯的培养制度。

結合上述的調査結果，為了確保優秀人才，企業応該培育能让員工対未来充満信心的企業文化，営造接納文化和地域等方面差異的工作氛囲，提供符合労動者需求的、灵活多様的工作方式。

以上是人力資源管理組的報告内容。謝謝大家的聆听。

▌講評

北京外国語大学　林崇威

皆様こんにちは。林と申します。Ａチーム北京外大側のチームリーダーです。

人的資源管理チームの三谷さん，梅村さん，村瀬さん，橋本さん，白木さん，皆さんと一緒に頑張って来られて，たいへん勉強になりました！「中国でビジネスを成功させるには」というテーマをめぐって，企業ごとに調査を行い，分析し，雇用・昇進・福利・人材育成という４つの角度から結果をまとめてきました。

日本の皆さんもきっと，私たちと同じように，今はまだ大学にいて，一生懸命専攻を勉強しているだろうと思います。社会や企業などについては勉強をしていますが，あくまでもその場に身を置いているわけではないので，人的資源管理などは学生である私たちにとって，とても難しくて，遠い話です。これは，日本の皆さんにとってもきっと同じだろうと思います。しかしそれにもかかわらず，皆さんは諦めずに頑張って，材料を深く掘り下げて分析してきました。こうやって最終的に成果が出せたのは，大変素晴らしいことだと思います。

ここ２週間，最終レポートに向けて一緒に準備している間，愛知大学の皆さんといろいろ話し合ったり，情報交換をしたりして，大変勉強になりました。愛知大学の皆さんは全員，積極的にインタビューして，そして討論会や座談会などに参加して，自分なりの見解をいろいろシェアしてくれたり，私たち北京外大の学生にも中国の現状を聞いたりしました。初めて皆さんのレポートの概要を聞いた時，ホントに「ここまで調べたのか」「それについても知っているのか」と，びっくりしました。さきほどのレポートも，中国語がとても流暢でわかりやすかったなと思いました。

そして，さきほどのレポートについて，さらに具体的にコメントしたいところがあります。まず，PPT が素敵だと思います。すべてが中国語でできていて，名字も簡体字で書いてあって，まるで中国人が作った PPT のようです。インタビューを行った企業の方からの PPT も参考にしたのではないだろうかと思っています。本当に素晴らしかったです。次はイラストレーションです。きれいな図やかわいい画像などをたくさん用意してくれて，とても親切だと思いました。さらに，太字や明るい色を使って，重要なポイントを強調してくれました。この２つの方法で，レポートはとてもわかりやすくなっています。そして，最後のスライドにたくさんの参考文献が並んでいます。大量の調査をした上でレポートをしたということがわかりました。大変良かったと思います。

アドバイスとして，これから中国語で発表するチャンスがあれば，言語別にフォントを使い分けると，さらに良い発表ができると思います。日本語は MS Mincho で大丈夫ですが，中国語の場合も Mincho だったら簡体字がおかしくなるかもしれません。宋体というフォントのほうが多く使われていると思います。また，人的資源などの専門分野に関して発表する際，専門用語の確認が大事だと思います。中国語と日本語の専門用語は共通しているのも少なくないが，すべてが対応しているわけではありません。だからちょっと難しいですけれども，もっと調べておいた方がいいのではないかなと思います。

私なりの考えは以上となります。今回の活動で大変お世話になりました。本当にありがとうございました！

▌感想

北京外国語大学　趙金玉

北京外国語大学日本語学部の趙金玉と申します。このプロジェクトの内容について自分の感想を話したいと思います。

まずは張先生のスピーチでは，マクロ的な視点から中日の経済発展と中日協力を理解することができました。そして，コロナショックの背景には，中日両国の経済に新たな変化や課題が起きているということもわかりました。中日の経済関係は，政治関係に影響されるかもしれませんが，市場の法則の影響はもっと大きいものだと考えます。

丁先生の講演を聞いて，女性学の発展の過程と，女性の就職に影響を与えるさまざまな要因を知りました。中国の女性の就職に対する理解が深まり，中国の人口が減り始める背景には，女性の就職が重視され，差別がなくなることが求められていると考えます。

陳先生の報告では，郷鎮企業の衰退における内部原因と外部原因がはっきり述べられました。そして郷鎮の制度改革がどのように行われているのかということがわかりました。

その後の企業講座では，自動車業界のトヨタ，介護業界の保利健投，教育出版業界の外語教学与研究出版社，農業健康業界のハッピーファームなど，さまざまな優れた企業をお招きすることができました。これら企業の方々が，私たちの質問に丁寧に答えてくれたおかげで，これらの企業と業界についてより深く理解することができました。この数回の企業講座を通じて，企業ごとに異なる人材育成計画，従業員の福利厚生制度，女性の職場保障制度について学ぶことができました。

そして，一番印象的な話題は中国女性の職場での働き方についてです。会社の責任者の発言によると，中国の女性は職場でジレンマに陥っているように感じることがあるとのことです。女性を特別扱いすることを強調しすぎると，例えば会社の中で授乳室を設けたり，女性だけを育児休暇の対象としたりします。こうすると会社は余分なコストを負担しなければなりません。そうなると，企業は初めから職員を採用する際，女性社員を少なく採用することにして，長期的には職場における男女不平等につながります。

愛知大学生との討論を通じて，私も大変勉強になりました。お互いに交流して，先生が出した問題に対してそれぞれ自分の意見を述べて，経済，政治，女性の権利などの話題についてさらに深く

考えました。最後に，私たちは愛知大学生の研究報告の完成に向けてサポートすることにより，つながりが強くなっていきました。彼らは謙虚で，礼儀正しい態度をとって，私に良い影響を与えてくれました。

北京外大日本語学部と愛知大学がともに行った今回の活動に参加することで，とても勉強になったし，視野も広がりました。各業界に対しても認識を深めることができ，就職や進路など，将来が一層はっきりと見えてきているような感じがします。

女性就业组

女性就业的现状

野村佳那　稲垣祐美　水谷日向子　大村綾　柴田瑞希

在日本女性步入职场面临各种各种的问题，相比日本，中国的女性更加活跃在职场中，随着时代的变化，在职场打拼的女性越来越多，社会地位不断上升。因此，我们将比较中日两国女性就业的不同特点，考察企业应该为女性员工创造怎样的工作环境。接下来我们将先报告先行研究中了解到的中国女性以及日本女性就业的现状，然后从晋升、劳动时间、生育和育儿，意识这四个方面对调查的四家企业进行比较，总结出中国女性工作方式的特点，并指出存在的问题。

接下来,我将要发表关于中国女性就业的现状。首先，我就女性劳动参与率作出报告。据2011年第六次全国人口普查显示，2010年中国女性劳动参与率为63.7%，2010年比2000年低7.79%。同年，美国、欧盟等发达国家的女性劳动参与率都低于60%，可见中国女性劳动参与率比较高。但是，中国女性劳动参与率低于男性。而且，男女之间的差距在渐渐扩大（女4）。

从中国女性各年龄层的劳动参与率变化表可以

看出，2010年24岁至49岁的女性劳动参与率与1990年和2000年相比有所下降。由此可见，育龄的中国女性劳动参与率呈下降趋势（女5）。

其次，我来报告男女工资差距。2019年，中国城市女性平均工资为6,995元，是男性平均工资的81.6％。2019年中国男女工资差距比2018年缩小。但是，男女之间仍然存在差距。男女工资差距最大的原因是职业选择。从表中可以看出，中国女性从事工资比较低的职业，无论哪个职业的女性平均工资都低于男性。另外，女性管理人员比男性少也是原因之一（女6）。

最后，我来报告关于女性管理人员的比例。从表中可以看出，2019年中国女性管理人员的比例仅次于香港。亚洲五个国家和地区中，中国女性管理人员的比例比较高，但并没有增加的倾向（女7）。

接下来介绍日本女性劳动的现状。日本的女性劳动参与率在2018年变成69.9％，这个比例渐渐提高了。从20岁后半到30岁前半的劳动参与率的下降从1988年至2000年变得越来越小了，而且从以前的M型曲线变化到梯形（女8）。

接下来介绍男女工资差距。在最近几十年，虽然工资差距渐渐缩小，但目前女性的平均工资，即使是正式职员，也只有男性的75％。请看右侧的表格（女9）。比较大学毕业的男女，进入公司时，几乎没有差别。但是，从20岁后半男性工资开始上涨。随着工龄增加差别越来越大。在日本备受关注的是女性管理人员的比例很低。现在，有女性管理人员的企业是21.7％。在管理人员中的女性比例为14.9％，呈现年年增加的倾向，但是跟女性管理人员比例超过30％的欧美各国相比的话，日本的数值还很低。另外，女性管理人员的比例根据职业而不同。请看右侧表格（女10）。医疗和福利行业的比例很高。另一方面，基础设施行业的比例很低。

接下来发表调查结果，先从晋升、加班、生育和育儿、就业意识和差距这四个方面进行介绍，最后总结女性就业的倾向和今后的课题。

我向四家企业询问："贵公司女性有对晋升的热情吗？"

保利集团公司下属的养老机构女性职员较多，养老机构的负责人也是女性。因为是女性支撑的公司，所以晋升的机会和男性几乎一样，男女之间没有差别。

丰田汽车（中国）投资有限公司的回答是："在中国，女性晋升需要付出比男性更多的努力，但女性晋升并不慢"。另外，比起日本的丰田，中国的丰田女性管理人员的比例更高（女11）。

外语教学与研究出版社，女性职员的比例高达百分之七十，女性占据了很多职位。因为是女性多的企业，所以说如果女性没有晋升的热情企业就不会发展也不过分。因此，有很多人对自己的工作有积极性，也有很多人对晋升抱有强烈欲望。

上海瑞茵健康产业有限公司开心农场女性也有很多人对晋升持积极想法。其背景是因为有奖金，很多人都想自己主动晋升（女12）。

这次调查表明，中国女性有很强的晋升欲望。而且，晋升的时候，没有男女差别。我认为导致这一结果的背景与中国女性对工作的积极性、女性容易工作的育儿环境有关（女13）。

我们问了四家企业关于加班的问题。首先，关于各企业是否加班这一问题进行发表。就"贵公司需要加班吗？"这一问题，回答"需要加班"的是丰田汽车中国投资有限公司和上海瑞茵健康产业有限公司两家企业，回答"基本上不需要加班，但是有需要加班的时期。"的是保利集团公司下属的养老机构，回答"有需要加班的部门和不需要加班的部门"的是外语教学与研究出版社（女14）。

其次是关于加班时间。丰田汽车中国投资有限公司目标是每月加班36小时以内，但是市场部很忙，有时加班时间一个月超过36小时。上海瑞茵健康产业有限公司有女性加班时间比男性加班时间少的倾向。保利集团公司下属的养老机构采用轮班制，每人工作12小时，其中休息3小时，所以基本上不需要加班。外语教学与研究出版社在年末的调整期有时会加班到晚10点或12点（女15）。

另外，向女性员工询问了"您工作或加班的时候，需要特殊照顾吗？"这一问题。对于这个问题，在保利集团公司下属的养老机构工作的女性的意见是对现状和现在公司的应对很满意。在丰田汽车中国投资有限公司工作的女性的意见是下班时间在9点半以后的情况下支付出租车费用等，希望在安全方面给予照顾。在外语教学与研究出版社工作的女性的意见是中国女性在工作上被要求和男性一样的工作质量和工作量，但是回家还要承担家庭责任和家务劳动，所以中国女性的家庭和工作双重负担带

来的压力很大（女16）。

接下来，介绍关于生育和育儿的调查结果。

"贵公司有多少女性员工因结婚或生育而辞职的？"对于这个问题，所有企业都回答"没有辞职的人或这很少"。日本的母亲辞职的人很多，但是在中国一般来说女性休完产假后都会复职，一般都是双职工。其原因是在中国有产假和哺乳期休假。另一方面，有父母的支援，所以没有必要专心于育儿（女17）。

接下来是关于"企业有独自的育儿和生育支援吗？"这一问题的调查结果。保利集团公司下属的养老机构，女性生育后的半年可以提早下班，有孩子的人有补贴。另外，把母亲正在努力工作的书信交给孩子。另外孩子可以来公司或养老机构。丰田汽车中国投资有限公司没有企业独自的育儿和生育支援。但是，有休息室等设施和对女性员工的照顾。上海瑞茵健康产业有限公司有多种支援，比如说女性奖金和调整工作时间等（女18）。

另一方面，在中国有很多男性做饭的家庭。中国女性想在兼顾工作和育儿的同时多陪伴孩子（女19）。

接下来，我向公司询问职业女性的工作意识和男女之间意识的差别。

在中国，女性在社会发展中起着重要作用，被认为是宝贵的劳动力资源，女性劳动者的参与率很高。我向丰田汽车投资有限公司就什么样的女性更为活跃进行提问，对方回答说，有领导力、有志向的女性相对活跃一点。不管是哪家公司，都为女性提供与男性同等的就业机会，女性与男性都能受到同等的评价，并且有许多女性担任管理者。但是，在中国，许多男人喜欢从事对体力有要求的工作，像风险投资公司的经营者这样喜欢挑战自己的人也不少。对于男性来说，他们常常会认为照顾老人和从事诸如设计之类的工作是女性的工作。实际上，在从事护理工作的保利公司和外研社中，女性职员的比例都很高（女20）。

在中国，在性别分工方面，男女全班双职工的情况很普遍。祖父母照顾孙子也是理所当然的，女性成为家庭主妇的想法也不是很常见。即使在结婚生子之后，影响工作、给其他同事添麻烦的现象也很少见。当结婚后，丈夫和妻子都会养家糊口并维持生计，但是许多妻子认为妻子的家务劳动和育儿

负担很重，丈夫一方的支持是不够的。为了增加陪伴孩子的时间，有的公司实施了在家工作制度和不加班制度。此外，由于近年来的经济增长，越来越多的女性将重点放在工作和家庭之间的平衡上，而不是一心扑在工作上。也有女性使用智能手机和淘宝工作，就业方式的多样化更为显著（女21）。

当我就中国的男女工资，晋升和待遇方面的差别进行提问时，所有公司都回答说没有区别。原因之一是"同工同酬"的想法普遍存在。"因为是女性，所以工资就低"这样的不合理观念是不存在的，反而女性也可以像男性一样努力工作。虽然中国女性管理者的比例比日本大，但要在管理公司和育儿之间取得平衡并不容易。当然，当成为管理者之后会有加薪，但也会将花费更多的时间在工作上。由于有时会加班，因此担任管理者的女性人数还是少于男性。男性管理者的比例仍然较高，这导致了总体上男女之间的工资差距（女22）。

下面我来介绍通过与中国学生的讨论会和企业座谈会了解到的中国女性就业的倾向。

首先关于女性的工作积极性，4家公司都回答说女性有积极性。也有企业回答女性想实现自我价值。当我询问女性职员能以月经为理由请假吗？这一问题时，企业的回答是女性职员在月经的时候可以多休息，这体现了那家企业对女性职员的关怀。另外，我们对中国的学生进行了问卷调查，有几名学生回答说就业时候担心的是来月经时能否请假。最近日本出现了重新思考对月经的伦理观的潮流，因此我开始关注日本的公司对女性特有的月经有什么关怀，在这一问题上中国走在了日本的前面。能感受到来自上司的这种关怀与中国的职业女性的工作积极性也是有关联的（女23）。

第二个倾向是关于工作方式。近年来随着SNS的发达，中国女性的工作方式变得多样化，灵活运用淘宝网，个人展开网购商务的女性增加了。因此已婚女性离职的人逐步增加。为了有利于生育和育儿，很多女性自己努力创造多元化的工作方式。第三点倾向是对于育儿的不安感比日本女性少。其原因是在中国祖父母帮忙带孩子是理所当然的（女24）。

通过这次的企业座谈会，我们了解到对于晋升没有男女差距，不过在我们不知道的地方仍然存在着一定的差距。在我们对中国学生进行的问卷调查

中，学生们回答的最多的是就业时最担心的是男女差距。为了解决男女差距问题，企业对于雇用的员工不要按不同性别来看待，而是应该作为一个独立的个人同等对待。这不需要制定什么特别的制度以及法律，重要的是企业应该消除有工作积极性的女性关于在求职时对男女差距的担忧（女25）。

講評

北京外国語大学　武鈺茜

　1カ月間はあっという間に過ぎてしまいました。この1カ月近くの時間において，日本の学生と私たちは手を携えて一緒に頑張ってきました。最初のころは，このレポートはあくまでも日本の学生たちのタスクで，必要なときに助けてあげればいいと思い込んでいましたが，一緒に協力すればするほど，あ，このタスクは彼女たちだけに課せられたものではなく，私たち中国人学生も一環となってこのタスクを完璧に仕上げることが重要だと気づきました。特に，このレポートをより充実したものにするために，私たちは北京外大の学生たちに向けて，アンケート調査を行いました。アンケートのデータを彼女たちに渡すとき，「あ，彼女たちの力になれて良かったな」と，とても嬉しかったです。このプログラムのおかげで，国籍が異なっても，同じ目標に向けて協力して努力すれば，私たちの間に「絆」がうまれるのを感じることができました。

　次は日本人学生の発表について私なりの考えも述べたいと思います。

　発表では，女性の就職について，概ね3つの部分に分けて紹介してくれました。まずは中国と日本の女性の就職の現状ですが，日本人女性の労働参加率が69.9％との数値が出ましたが，中国では70％。ほぼ同じですが，多くの中国人は中国人女性の労働参加率が日本よりずっと高いというイメージを持っているということは，この前のアンケート調査でわかりました。この現象の原因は何かという問題について，もっと詳しく分析していただければと思います。

　次は昇進，労働時間，生育と育児，労働意欲と

いう4つの方面で4つの企業からもらった結果の分析ですね。この部分は企業の答えを書き留めただけでなく，最後に自分なりのまとめと考えがあってとても良かったと思います。

　最後は中国人女性の就職の傾向です。女性の生理についての問題，私はこれまで考えたことがなかったです。一日中ずっと座って働く仕事は別にいいですが，もし体力を必要とする職種だったら，これが問題視される必要があると思います。そして，女性の働き方の傾向のことですが，仕事と育児のバランスを探している女性たちは今後インターネットを通じて新しい働き方を掘り起こしていくはずという観点もとても新鮮だと思います。

　最後に，このプロジェクトにおいて，ちょっと残念に思うことも一言話したいです。討論会のとき，用いた言語はほぼ日本語だったので，もっと中国語を話せば，日本の学生にとってとても良い練習になると思います。もちろん，この過程で，私たち中国人学生にとっては日本語で話せるし，彼女たちのおかげで，講座で提起された問題について，日本の現状や解決策に対して，より深い理解も得ました。そして，日本人の目線で，中国は一体どのような存在なのかもわかってきました。でも，もし日本の方が「中国語でなかなか喋れなくて残念」と思ったら，私たちも残念な気持ちになります。

　もともとこの夏休みに日本に行くつもりだったんですが，コロナのせいで行けませんでした。このプロジェクトのあと，日本への旅行をますます楽しみにしています。

感想

北京外国語大学　任乾源

　この2週間にわたる融合学習と「愛知大学－北京外国語大学日中国際学生シンポジウム」に参加して，心から嬉しく思います。本シンポジウムの実現に向けてご尽力をいただいた日中双方のすべての皆様に対して心から感謝します。

　今回の活動を通して，いろいろなことを勉強しました。日本語を専攻する私たちは，この2週間，

経済学，政治学，社会学といった他の分野に関する知識を学びました。私にとって，今回は初めて日本語で他の学科の知識を勉強しましたので，わからないところがきっとあります。Ｂチームの皆さんと葉鑫宇先輩のおかげで，毎回の討論会は順調なペースで行われました。そして，日本の皆さんと一緒にオンラインで総合学習することも楽しみました。

　日本語を勉強して２年経ちましたが，私たちは日本社会に対して，いろいろなステレオタイプを持っていると思います。例えば，私たちのチームが研究した課題は女性の就業です。中国人の多くは，私を含み，日本では多くの女性が家庭の主婦になるということを目指すと思っています。しかし，日本の皆さんと交流した後で，今の日本社会の中で，経済，社会などの発展の影響で，自立を目指す女性の数がどんどん増えているということがわかりました。同じように，私たちも中国の事情を日本の皆さんに正しく伝えました。

　このプロセスの中で，異文化コミュニケーションを深く感じました。自分の住んでいる地域だけではなく，世界中の多くの文化を理解することが重要になっています。日本語を勉強してから，日本文化だけではなく，他の国のことも少し知っている必要があります。外国語の学習者にとって，相互理解は一番重要なことだと思います。しかし，閉会式で丁紅衛先生のおっしゃった通り，今の中国の学生たちは，都市部に生まれ育っていますので，自分の国の全体，特に農村の状況をよく知っている人はほとんどいません。中国には「万巻の書を読み，万里の道を行く」（読万巻書，行万里路）という格言があります。この格言はさまざまな本を読んで，いろいろなところを訪ねることが人生経験を積むうえでとても大切です，という意味です。異文化コミュニケーション能力を向上させるために，自分の国に関することをはっきり把握して，理解していることが一番重要なことだと思います。

　残念ながら，コロナ禍で，日本の皆さんは中国に来ることができませんが，今回のシンポジウムはオンラインで開催されました。いつか北京でお会いできるのを楽しみにしております。北京にお越しの際はぜひご連絡ください。楽しみにお待ちしております。

▌感想

北京外国語大学　賈晨雨

　私は女性就業のＢチームの賈晨雨と申します。今回，両校間の交流活動に参加させていただきまして，光栄の至りです。まず，今回の活動のために尽力された先生と先輩方に感謝します。新型コロナウイルスの影響を受けて，愛知大学の学生と北京外国語大学のキャンパスで会うことができず，とても残念に思います。しかし，先生方の積極的なコミュニケーションのおかげで，活動がオンラインで行われ，自分の能力が上がって，視野を広げる機会になりました。

　最初にオンラインコミュニケーションをした時，お互いによく知らないので沈黙していました。ここでＢチームの大学院生の先輩に感謝します。彼は私たちの日常生活に関する話題をたくさん展開して，みんなの緊張をほぐしてくれました。

　今回の交流活動を通じて，まず，私はたくさんの知識を学びました。私は中国人として，今回の講座を通じて，中国の女性の就業状況と中国の地域経済の発展状況などの分野を初めて知りました。先生方の講演は内容が豊富で，観点が深くて，私たちの見聞は大いに広がりました。次に，企業交流会と質疑応答を通じて，現在の就業状況についても基本的に理解しました。大学生として，今まで日本語の勉強についてだけ関心を持っていましたが，目の前の学習生活に専念するだけではなく，限界を突破して，未来の仕事に着目し，事前に計画を立てる必要があることを発見しました。

　一方で，日本の学生との交流のなかで，日本社会に対してより現実的な理解ができました。以前から本と映画で日本を知っていましたが，日本人学生と交流している時に，私たちは長い間ステレオタイプを持っているということに気づきました。例えば，私たちが発表したアンケート調査によると，ほとんどの中国人回答者は，日本人女性が結婚後には主婦になると思っています。しかし，

現実はそうではありません。日本の学生とのコミュニケーションの中で，社会の発展とともに，人々の考え方も変わっていき，結婚後も仕事を続ける女性がかなりいると知りました。これは日本に対するステレオタイプを解消した一例です。

また，私は珍しい友情を得ました。私たちのチームの日本人学生たちはとても親切で，最初はコミュニケーションに対して恥ずかしがっていましたが，彼女たちは自分の意見を伝えてくれました。協力してくれた日本人学生と私はたくさんの交流をしました。私たちは研究に関する問題だけでなく，生活や趣味についての話題も交わしました。

閉会式で，北京外国語大学日語学院の徐院長のスピーチは，大きな啓発を与えてくださいました。徐院長は，私たち日本語を勉強している学生に対して，3つのポイントを述べられました。まずは，実践と考察を重視しなければなりません。日本語をマスターするだけではなくて，さらに実際の生活の中で運用します。また，私たちは日本の状況だけでなく，中国と世界各国の情勢にも注目すべきです。最後に，私たちは物事の発展に注目しなければなりません。先生のお話はとても正しいと思います。これからも肝に銘じて勉強していきます。

農村観光組

农村观光是持续发展吗？
——从空心化看农村地区

岸浪ゆめ　蓑田聡幸　渡边凉乃　佐藤直树

各位来宾，各位老师，各位同学，大家好。我们是农村观光组。

农业观光组的主题是"农村观光是持续发展吗？从空心化看农村地区"。近年来，农村观光变得越来越流行，可以为游客带来非凡的体验，例如脱离日常的城市生活，体验自然和体验农业。在当今农村人口稀少的时代，我们将探讨这些农村观光能否实现可持续发展，并分别探讨中日两国的问题和可能性。

这是目录（农 2）。将以这样的流程进行说明。

首先，我们考虑农村地区的可持续发展。根据我们的定义，可持续发展的农村地区是指每个农村地区在经济上独立且可以稳定运行的地区。这次，我们将从经济和社会角度考虑"可持续发展性"。在中国和日本的农村，空心化是一个问题。我们将发现适合两国的农村观光风格。

日本空心化的主要原因是由于出生率和人口老龄化而导致空心化，不过中国农村空心化的主要原因是外来务工人员造成的人口外流。此外，作为农村地区的就业问题，雇员的老龄化和观光业中劳动力的使用将对作为其核心业务的农业产生影响。基于这些问题，我们将考虑农村观光的可持续发展性。

接下来是日本农村空心化的现状和问题。首先，日本农家的平均年收是450万日元，因此没有财务问题。不过，日本全国市镇村数的空心化率是47.6％。在人口稀少的乡村和城市，工作机会正在减少，商店和超级市场关闭，公共交通的便利也在下降，这使得维持许多地区的当地居民的生活水平变得困难。关于参与旅馆的人的年龄，旅馆的所有者和雇员中大约70％是60岁以上，在许多情况下，他们是由60岁以上的老人经营的。

基于这些，这是日本空心化的问题。有五个主要问题：人口老龄化造成人口减少、劳动力不足、家业无人继承、年轻人不愿移居高龄化的农村、行政维持困难等问题。

接下来，我想谈一谈日本农村旅游对旅游业农民的影响。该数字代表农民经营绿色旅游的家庭形式。如图所示（农 6），目前约有41％的农民在一个家庭中进行绿色旅游。关于作为我们主要业务的劳动力对农业的影响，在繁忙季节可能会出现劳动力短缺，由于游客在场而造成的精神负担以及身体疲劳，还存在接班人短缺的问题。

日本实现农村观光可持续发展的要素有以下几点，分别是年轻人到农村移居、定居、各年龄层分担劳动（减轻老年人经营农家的负担）、吸引更多年龄层的游客、最后降低参与农业的难度。

由于传统的旅游方式会给农民带来沉重的负担，而且是不可持续发展的，因此人们担心这会影响作为主业的农业，旅游服务的质量也会下降。因

此，我想介绍大分县安心宁村的工作。在这个村庄，通过为客人提供与农民共享"住宿"，与餐厅共享"餐点"以及与设施共享"体验"，旨在提高服务的质量，增加雇佣机会，促进游客消费。

接下来，我们将讨论农村为了吸引年轻人所采取的具体措施。在长野县饭山市，正在开发两项业务："农业补习班"和"家乡的出发点"。农业补习班是一门实用的课程，主要面向对农业感兴趣的人，由长野县下高井农林高中和饭山市合作开设。在这一课程中，游客将通过为期一天的课程来体验从种植蔬菜到收割，加工和销售的所有过程。通过降低从事农业的门槛，目标是搬到饭山市并振兴农业。接下来，我们将进行名为"家乡的出发点"的项目的介绍。这种经历的目的是通过长时间生活在窗外能看到田野的房间里，使人们对在农村的生活、对农业产生兴趣，并吸引外来人口，来振兴该地区。此外，这些企业还接受来自外部的年轻指导员，这也有助于防止空心化。

这是日本农村观光的总结。日本空心化的特征是空心化和人口老龄化导致农村人口老龄化，空心化正在发展。作为防止空心化的措施，例如本次长野县饭山市采取的措施，有许多地区通过地方政府和农村观光的各种项目来展现该地区的吸引力，并吸引移民和定居者。

接下来是对于可持续发展的农村观光的总结。我们认为，日本的大多数农村地区在经济上不太困难。但是人口老龄化仍然很严重。从可持续性和空心化的角度来看，我们认为吸引年轻一代成为指导者，构建未来可以接纳移民的旅游系统以及确保可以移民的住房和土地等是未来的重点。

接下来是中国农村空心化的现状和问题。中国农村空心化的主要原因是年轻人外流打工成为农民工，造成年轻人人员外流。年轻人上班的主要目的是增加收入，并以获得的收入赡养年迈的父母。各种经济变化造成了城乡之间的工资差距。这导致农村地区年轻劳动力的短缺，导致空心化和老龄化。随之而来的是，留在农村的老人虽然能照顾孙辈却无法耕种，三农问题变得越来越严重。

为了实现农村观光可持续发展，需要做些什么呢？我们认为有以下四点：建设基础设施、提高工资、整顿工作环境、有效利用丰富的自然观光资源。

几天前的圆桌讨论中提到，在上海有一种农村生活体验活动，有面向中小学生的水稻种植体验等活动。对于中老年人，我们通常通过农业体验活动吸引客户的眼球。通过这些体验活动，年轻人将有机会学习农业。如果我们以发展农业为目标，那么就需要大力宣传这种活动。

接下来是对中国农村观光的总结。中国农村地区的一个大问题是，由于农民工等农村人口进入城市，城市人口正在不断增加。在中国农村地区，仅靠农业收入往往难以养家糊口，因此许多年轻人正在离开农村。在农村地区发展旅游业（其收入高于外出务工）可以有助于防止或解决空心化的问题。

接下来是中国农村观光的可持续发展的总结。中国空心化的原因是，年轻人无法在农村挣钱维持生计而不得不进城打工。如何解决这个问题，我们之前提到的农业经验，农村观光需要发展和反思。在开发和反思过程中，有需要发展以满足各种需求。如果我们能够通过这些旅游业的发展使得农村人口获得稳定的收入，那么年轻人进城打工的时代将会变成过去式。

我们发现，要实现可持续的农村地区，必须具备三个要素。第一是"人材"、第二是"资金"，第三是"劳动力"。为了使日本的农村观光可持续发展，我们需要第三个要素，也就是劳动力。在日本由于人口老龄化造成人口减少，农村空心化的问题很难解决。为了解决这个问题，需要吸引年轻移民、定居者。中国的农村观光需要第一个要素的"人材"和第二个要素的"资金"。中国人口老龄化程度不及日本，几乎没有劳动力短缺。只要解决第一个和第二个要素的问题，就可以实现可持续发展。

这是参考文献。

报告完毕，谢谢大家。

▌講評

北京外国語大学　陳一笛

皆さん、こんにちは。Cチームの陳一笛と申します。これからCチームの発表をまとめて、それについて講評を述べたいと思います。

Cチームが発表したテーマは「農村観光」です。持続的な発展と過疎化の2つの重要な問題をめぐって、中日両国農村地域の発展現状を分析し、具

体的な解決方法を提案しました。

　まずは，農村観光を発展させる最終目標である農村地域の「持続可能な発展」について，その意味を解説しました。「持続可能な発展」とは，ある地域が経済的に自立し，かつその安定した状態の持続が可能であるということです。次に，農村観光を通じて解決すべき問題である「過疎化」について説明しました。中国と日本の農村では，過疎化問題が日々厳しくなっていますが，その根本的な原因は異なっています。日本の農村で起きている過疎化は主に，出生率の低下と人口の老齢化によるものです。その一方，中国の場合は，大勢の若者の出稼ぎによる人口流出に原因があります。発表では，両国の事情が異なることについて，中日それぞれの現状と解決策を提示しました。

　その次に，両国に分けて具体的に分析した部分では，詳細なデータと例が挙げられ，説明を補充しました。

　日本では，農村の過疎化は主に5つの問題に直面しています。それは，「人口の高齢化による人口減少」，「労働力の不足」，「後継者の不在」，「高齢化した農村への若者の移住意欲の低下」，「行政の維持困難」という5つの問題です。これらの問題に対して，Cチームの学生たちは，日本の農村の持続可能な発展を実現するための要素を3つ提案しました。それは「高齢者の農家経営の負担を減らすために，年齢層別に労働を分担すべき」，「より多くの年齢層の観光客をひきつける」，「農業労働への参加を軽くする」という3つの解決策です。また，これらの解決策について，大分県の例を挙げて具体的に説明しました。要するに，日本の農村の持続可能な発展を実現するためには，若い世代をリーダーとして迎え入れ，移住民を受け入れられる観光システムを構築し，移住民の住宅や土地を確保する必要があります。

　次は中国の事例です。先にも述べたように，中国の農村の過疎化は主に若者の大都市への出稼ぎによって引き起こされたものです。そのため，農村観光業を発展させ，農村人口に安定的な収入を得させることを通じて，大勢の若者の出稼ぎを縮小させることができます。

　発表の最後では，農村地域の持続可能な発展の実現についてまとめました。持続可能な農村の建設には，十分な「人材」，十分な「資金」，それから十分な「労働力」の3つの条件が必要です。日本は「労働力」が不足していることに対して，中国は「人材」と「資金」が不足しているという状況を説明しました。

　私は，今回の発表はとてもよかったと思います。発表の内容が具体的であるほか，説明の筋もはっきりしており，その上PPTも簡潔でわかりやすかったです。愛知大学の皆さんはよく頑張ったと思います。皆さんご存知の通り，中国語は難しい言語で，日本語にはない発音や日本語の漢字と意味の違った理解しにくい漢字などがいっぱいあります。また，コロナの影響で，今回の活動はオンラインでしか行えなくて，ネット上で資料を探すだけで，中国人でさえ理解しにくい農村の持続可能性について，全体的に把握できたことは素晴らしいと思います。それから，日本と中国の比較など，日本の皆さんにとっては大きなチャレンジであり，それを乗り越えるために努力を重ねて頑張ったと思います。発表の準備過程については，これから宋さんがより詳しい説明をします。

　以上です。ありがとうございました。

感想

北京外国語大学　宋寧静

　今回の中日国際学生シンポジウムは私にとって，今まで体験したことがない面白い活動でした。

　以前も相互学習で日本人の友達を作りましたが，普段その友達と話している内容は大体生活面の内容です。例えば，最近どんなアニメやドラマを見たのか，期末試験は難しいかどうか，今日は何を食べたのかなど，日常生活に関するごく普通の話題でした。しかし，今回の融合学習で，中日両学生は，かなり意味深い話題について意見を交換しました。私たちのチームは1回目のディスカッションで，日本で新しく当選された菅首相の中国に対する態度や中国と日本の経済連携など，私から見ればかなり難しい問題をめぐって，話が弾みました。私は本当にもっと自分の意見を述べて

日本の皆さんと交流したかったのですが，さすがにこのような問題に関する知識が足りなかったので，仕方がなく，黙って皆さんの意見を聞いていただけでした。これからは日本の事情についてももっと関心を持たなければならないと思いました。

2回目のディスカッションでは，女性の就職について議論しました。私はこのテーマについて言いたいことがたくさんありましたが，言ってみるとやはり頭の中の考えを日本語に変換することはあまりにも難しかったです。私は全然流暢に話せませんでした。この時，日本語をペラペラ喋っている同じチームの中国人の同級生を見て，すごく感心しました。以前は自分の日本語力にかなり自信を持っていましたが，今回は自分の日本語力の不足をつくづくと感じました。これからもちゃんと日本語を勉強して，日本語力を高めたいと思います。

また，同時通訳を聞くのも私にとって初めての体験でした。同時通訳を担当したのは北京外大の大学院の2年生の先輩たちだと聞きましたが，先輩たちは私が思っていた以上にすごかったと思います。同時通訳は本当にかっこいい仕事だと感じました。

そして何よりも，こんなにたくさんの中国語を学んだ日本人学生と出会ったのは初めてです。皆さんの中国語の発音はとてもかわいいです。中国語の発音は難しいので，皆さんの発表を聞いたときは本当に一生懸命中国語を勉強したのだなと感心しました。皆さんが講座で先生方に出した中国に関する質問には，私が一度も考えたこともないことがいくつかあります。「中国に深い関心を持っているなあ」と感じさせられました。そんな日本人学生と出会えてうれしいです。

この1週間，日本人学生の皆さんは発表の準備をし，私たち中国人学生はその発表のパワーポイントや原稿を添削しました。そこで常に感じたことは，日本の皆さんが書いた中国語のセンテンスがちょっとおかしいことです。おかしいですが，どこがおかしいかわかりません。だからどう直せばいいかもわかりません。前は単に自分の日本語力に自信がありませんでしたが，今回は自分の中国語力も疑ってしまいました。ですから，一番自然な中国語の単語やセンテンスができるように皆さんと（力を合わせて／活発に）議論しました。そして私自身も改めて中国語という言葉を見直しました。私は卒業したら日本で中国語を教える仕事を探そうと思っていましたが，今は外国人に正しい中国語を教えることの難しさを実感しています。

今回はコロナの影響で，愛知大学の皆さんは北京外大へ来ることができませんでした。皆さんと北京で会うことができなくて，とても残念です。オンラインでシンポジウムを行うことにはいろいろと不便なところがありますが，無事に終わることができてよかったと思います。来年，北京で愛知大学の皆さんと会えるのを楽しみにしています。

社交网络服务组

中国企业的最新营销策略

张笑语　鬼头真爱　中根优　中野舞
阿久津衣织　岩见茉那

大家好（社1）。我们从SNS的角度研究了中国公司的营销策略。目录如下所示（社2）。

就企业的营销策略进行发表。下面为大家介绍企业是用什么样的方法来宣传商品的。首先是电视。由于观看节目内容的观众的层次明确，因此很容易有效地锁定目标。并通过影像，及多种多样的表现方法，给观众留下深刻的印象。接下来是收音机。由于收音机"只靠声音传达信息"，所以更能激发听众的想象力。而且收音机不受场所限制，无论在哪里都可以听。也可以通过播放时间锁定特定的人群，向他们提供相符合的信息。

接下来是广告牌。由于在一个广告牌上可以显示许多品牌名称等广告信息、在有限的空间里整体协调尺寸和色彩造成醒目的效果。但是，很多地方对室外广告和广告牌有着严格的限制。最后是报纸。

坚持舆论的正确导向和维持报纸的真实性和客观性是报纸的特征，通过报道具有话题性的事件，引起读者的重视。

通过对企业进行调查，总结传统媒体广告的优点和缺点。首先介绍一下优点。第一个是可以特定地区进行针对宣传。第二个是和社交媒体相比，传统媒体的广告，对应的年龄层更广。第三个是拥有固定的接受群体。接下来介绍一下缺点。第一个是从制作广告到刊登需要时间。第二个是变更内容的各种消耗费用很高。第三个是效果出现需要长时间。总的来说，社交媒体会更快地了解消费者的反应。

我发表的内容是中国为什么重视口碑。在网络时代，作为信息收集的手段之一的口碑更受消费者重视。最近日本人也养成了买东西时先确认网上信息后再买的习惯。但是，中国的情况完全不一样。Expedia Media Solutions 在2017年实施的调查结果显示，针对"预约旅行时影响你的判断的要素是什么？"这个问题，回答"受到家人、朋友在网络上的发言的影响"的日本人只占15％，而在中国高达50％。由此可见，在中国比日本人多约 3 倍的消费者都重视口碑，可见网络上的口碑对中国人来说是很重要的（社 7 ）。

造成这样的口碑传播文化的主要原因，就是对企业的不信任。主要体现在以下方面。第一个，食品污染问题・第二个，ec 网站的假货流通・第三个，使用有害物质作为商品的原材料・第四个，负面广告。这些问题使消费者对企业产品抱有不安（社 8 ）。

以下是中国企业的商品质量的案例（社 9 ）。

在中国发生了很多这样的商品质量问题、消费者受到了很大的损失，最严重的还造成了死亡事故。这些问题降低了企业信用，因此中国国民不会简单地按照广告宣传来决定购买意识，而是通过口碑判断企业或商品的可靠性。我想在中国，口碑营销非常有效，现在已经成为了不可缺少的手段（社10）。

在中国，新闻、杂志、报纸、巴士、电梯上的广告宣传效果并不明显。人们还是更加相信朋友的介绍，或是口碑的好坏。所以企业也充分利用社交媒体进行宣传，或者是利用熟人的介绍来吸引新的消费者。所有的制造商都在努力提高自己的口碑。一旦有了不好的反应企业就会马上做出回应。为了树立良好的形象（社11）。

例如，丰田公司会邀请用户在网上上传车的使用感想，然后还会邀请他们参加下一次活动。消费者会对商品提出各种意见。通过总结这些内容，制造商可以更好地进行下一期的商品开发。为了得到消费者的信赖，公司从各方面应对各种各样的状况，努力研究对策（社12）。

关于刚才介绍的中国口碑文化，接下来由我介绍用于口碑的社交软件和应用程序。首先，目前在中国最主流的三种社交媒体是微信，微博和QQ。微信是在中国最受欢迎的聊天软件。据2019年 7 月份的官方报告，全球每月活跃用户数量已超过11亿。随着使用微信支付和 QR 码的电子支付功能的出现，它已经成为中国人的生活中必不可少的一部分。微博是像中国版的 Twitter 和 Facebook 一样的社交软件。可以发布文章，图片和视频，从中获取点赞和评论，并与他人进行交流。QQ 虽然是比微信还早出现的聊天软件，但是目前基本只在中国年轻人之间较流行。其中有一个叫 QQ 钱包的电子支付功能，但与微信的微信支付、支付宝比起来还不够主流。

接下来，我将介绍网红营销和口碑营销中使用的应用程序。ppt 左边的快手与抖音都是以短视频为主的应用程序。快手是面向小城市与农村地区用户的软件。在快手里会根据用户的属性和爱好推送视频。与之相对，抖音是面向大城市以及年轻人用户的软件。在抖音里会优先显示拥有大量粉丝账号发的视频和点赞率较高的视频。最后是口碑营销中使用的评论软件，小红书与大众点评。小红书是特别在年轻女性之间流行的评论购物软件。可以在这个软件里面搜索用户写的商品评论文章，也可以直接购买商品。大众点评是在中国使用者最多的评论软件。用户可以创造公司或商店的页面并发布评论。公司和商店也可以自行注册，在页面里设定推荐的菜单和图片，设置优惠券等等。

接下来是我们对于中国企业进行的调查结果：保利健投公司…因为保利健投公司是国有企业，国家会在电视广告、新闻等上介绍保利健投公司。虽然不需要公司自己发广告宣传，但微信的公众号是不可缺少的。另外，为了抹除对于护理人员的负面印象，还会使用抖音发布养老院的日常小视频。丰田汽车公司…主要使用微信与微博的公众号来做宣传。也在抖音开展直播等活动来介绍产品。

外语教学与研究出版社…主要利用微信与微博的公众号进行宣传。但是比起这些，通过宣讲会，学术会，研究会等会议做的宣传较多。而且比起网络上的宣传更有效果。上海瑞茵健康产业有限公司…利用微信的公众号和小程序，同时也在微博与抖音上宣传。但是主要的还是利用官方网站，在网站上发布活动信息优惠等等。

总结下来，这次进行采访的四个公司都拥有微信公众号、小程序，且最重视微信公众号带来的与客户的交流。微信是几乎所有中国人都有的社交软件，也是在中国使用率最高的社交软件。因此，通过微信可以与全国各地的客户进行交流，发布信息。通过公众号能与客户交流，还可以用于统计客户数据并加以分析。

中国电商市场逐渐扩大，已然成为当今最大的市场之一。鉴于中国城乡之间的差距，我们将针对以下互联网普及率和社交媒体普及率的关联性、从一级到五级城市的社交媒体普及率差异对企业社交媒体营销产生的影响及其相对应的有效宣传方法这两个问题进行探讨。

截止2020年3月，全国网民达9.04亿人，其中农村2.26亿人，占网络用户总数的28.2%。农村地区互联网普及率为46.2%，较2018年底上升了7.8个百分点，城乡互联网普及率差距缩小了5.9个百分点。虽然差距有所减小，但是各地区社交媒体普及率仍参差不齐。在这种的情况下，企业应如何进行广告宣传？企业在实际使用社交媒体进行广告活动的过程中，又是否意识到了一级到五级城市的地域差异？

我们以四家公司为对象提出了以下问题。即"如需在社交媒体上发布广告，是否会意识到一级城市到五级城市中社交媒体普及率的不同"。保利集团公司下属的保利健投表示，他们"会意识到这个问题。保利的社交媒体广告对象主要是1、2级城市（的用户）。3、4、5级城市还没有形成相应产业，资金不足，揽客率不佳，所以并不将其作为宣传对象"。另一方面，丰田汽车（中国）投资有限公司则表示"会意识到这个问题。大城市的汽车普及率已经很高，汽车销售在很大程度上会受到限制。因此，在今后将非常重视具有极大市场潜力的3级以下城市。"

据此可知，企业利用社交媒体进行广告宣传时首先会考虑公司的目标人群；如果认为3、4、5级城市有市场潜力，企业才会关注社交媒体普及率的问题。为了有效地宣传商品，企业必须牢牢抓住各社交媒体平台的特点。同时，还需根据目标受众的不同，从多样化视角出发选择不同的社交媒体平台。

我介绍的是丰田汽车中国投资有限公司活用网络社交媒体的成功案例。丰田公司主要通过微信、微博等网络社交群体进行宣传。在微信上，丰田活用小程序，取得客户数据，进行分析。

在双11和双12等促销活动中，丰田公司和著名的淘宝网合作，进行销售、举办网上汽车展示会等活动。另外，为了收集在网上随处可见的用户的意见，以及获得良好口碑，丰田请购买汽车的顾客在网上上传乘车感想，邀请他们参加下一次活动。通过这样的方式，给客人提供良好的服务，我认为这是丰田受欢迎的原因之一。

尽管受到了新冠疫情的冲击，但是丰田公司的销售额恢复得很快。这是因为丰田使用社交媒体和顾客进行交流、并通过送口罩来使提高民众对于日本的印象。另外，在汽车行业中率先开办了"网红教室"，已经有100家经销商参加了此次活动。活动中就摄影技巧进行了重点教学，并根据直播的需要精心布置了现场。丰田公司在新冠疫情防控取得成效、国民经济开始恢复后不久就进行了现场直播，反响很好。他们计划明年进一步强化。

从这个调查结果中可以看出，丰田公司的优势在于，虽然受到了新冠疫情的冲击，即使用户不能直接到店里，也可以利用社交媒体参加在线活动，所以不会产生较大的负面影响。在今后的时代，网络社交媒体的宣传，会愈发重要。

首先我要介绍的是化妆品品牌「完美日记」，该商品因网红宣传而大受欢迎。完美日记以90后的年轻女性为对象，主要起用的是美容系列的网红。网红跟明星相比有两个优势，一是丑闻报道少，另一个是节约经费。

这个"pig眼影盘"，符合日本、韩国风格的"小猪姐姐"的形象，另外"tiger眼影盘"，则起用适合亚洲妆容的"仇仇"进行宣传。看来每个厂家，都会都选择符合商品形象的网红来代言。

在这次调查中，发现有些企业会起用网红，而有些则不是。比如丰田汽车公司，因为知名度较高，

除了注重消费者的口碑之外，他们会按不同的时间和场合，选择艺人或是网红来进行宣传。他们也会通过广告牌来展示企业实力。丰田公司当然也会考虑网红宣传的优势，在各种活动中采用网红。为了不破坏品牌形象，企业会事先向广告代理商，传达消费对象的特征信息，探讨宣传方案之后，再判断是否采用网红。另外，在采用时也会给网红设定宣传指标。达成目标的话会有相应的报酬，但是如果不能达成目标，企业会要求这些网红，举办更多的营销活动，直到完成指标。

保利集团公司下属的中国中轻国际控股有限公司和保利健投，一般不起用专门的明星或网红，而是在公司内部制作抖音视频，另外利用一些电视广告。因为外语教学与研究出版社是知识产业，所以比起低层次的网红，更偏好著名的学者教授。上海瑞茵健康产业有限公司的开心农场，则不进行过多的网络宣传，主要利用体验者的口碑，和传言来达到宣传作用。通过以上结果，我们可以看出，虽然在中国采用网红营销的企业很多，但是多数限定在某些行业和特定产品，主要是日用品领域。

最后这些是总结。以下是参考文献的链接目录。发表到此结束。谢谢大家。

▌講評

北京外国語大学　劉沢儒

Dチームのメンバーたちは，インターネットマーケティングに着目して，中国のSNSの状況や中国における企業のマーケティング戦略について調査・研究を行ってきました。

まずテレビやラジオなど，伝統的なマーケティング方式の特徴をふまえました。ラジオ，テレビ，広告と新聞について，それらの特徴をまとめて，インターネット広告とのコントラストを明らかにしました。

その中で特に「口コミ」に注目しました。中国で実際あった事件を分析して，中国人がなぜ口コミを重視するのか考えたのです。口コミ重視は，企業のマーケティング戦略に深く影響を与えるもので，よい着目点だと思います。

さらにそれをベースにして，SNSとインターネットマーケティングの部分に入りました。「微信」（WeChat），「微博」（Weibo）と「抖音」（TikTok）など，中国で流行しているアプリについて調査と研究を行い，そのターゲット層に対して自分なりの見解を述べました。

また，トヨタや化粧品産業などの具体例から，そのストラテジーについて分析しました。「双11」（11月11日に行うオンラインショッピングセンターのサービス活動）やコロナショックなど，中国の独自性と実際の状況について認識し，説得力のある結論が導き出されたと思います。

企業の取るストラテジーの中でも，特に「網紅」（KOL）に着目しました。「網紅」は中国で熱く話題となっているだけでなく，「網紅」を利用するインターネットマーケティングもいま大人気ともいえるだろうと思います。「網紅」の代表例を取り上げて，その個性とマーケティングの関係についてしっかりと分析したと思います。

まとめていうと，「伝統的なマーケティング方式─SNSとネットマーケティング─「網紅」の役割」という流れで，全体のなかで代表的な例を取り上げて，さらに個性から共通性を見いだし，結論に導くというアプローチでした。現実に基づいて，中国の現状と独自性についてある程度の認識を得たと思います。それゆえに，SNSの状況や中国における企業のマーケティング戦略について，説得力のある結論が出されたのではないかと思います。

新しい時代にむけて，中国においても日本においてもSNSとそれを利用するインターネットマーケティングはさらに発展するようになっていくでしょう。これはとても有意義な研究課題で，さらなる調査・研究が期待されます。中国のインターネットマーケティングについての研究は，日本の状況も考えて，コントラストを通じながら，個性と共通性をさらに明らかにすることにより，よりよい研究になると思います。

本当にすばらしい発表でした。これからもより一層頑張りましょう。

感想

北京外国語大学　呉忠璇

今回の融合活動では，素晴らしい講座と座談会を聞いたり，愛知大学の学生たちとディスカッションしたりして，中国社会，特にSNSについて色々勉強になりました。

まず，講座と座談会から得た知識と感想をまとめて述べたいと思います。北京日本学研究センターの丁先生より，地域研究の視点と研究方法をマクロ的な視点で分析され，現代中国における女性の社会進出の変化，その変化を起こす主な原因を系統立てて説明していただきました。そして，中国社会科学院日本研究所の張先生からは，中国の経済発展史を要を得て説明され，中日経済協力関係についても詳しく分析していただきました。北京外国語大学日語学院の陳先生より，中国の「鎮」という行政区の特徴をわかりやすい言葉で説明され，蘇南の郷鎮企業を例として，中国の郷鎮企業と地域経済を分析していただきました。また，「保利健投」「丰田中国」「外研社」「上海瑞茵」といった4つの企業の関係者に，企業の基本的状況を説明していただいただけではなく，私たちからの質問にも詳しく答えていただきました。

そして，私たちDチームのディスカッションを顧みて，それを基に感想を述べたいと思います。私たちのDチームは2週間の間で，teamsを使ってミーティングを開いたり，ウィーチャットで日常の交流と情報交換もしたりして，新しい形で話し合ってきました。先週は主に，講座で先生が出してくださった課題について，比較的な視点を持ちながら中日両国の社会現状について意見を交わしました。具体的に4つの面に分けられると思います。

まずコロナウイルスの感染拡大の影響を受けた中国経済の現状について熱く討論しました。その中で特にオンライン経済，政府が消費を促進するための対策について話し合いました。

次に，愛知大学の皆さんの中国についての感想を聞いたことをきっかけに，中日関係の現状と未来の行方について色々交流しました。その中で，愛知大学の皆さんの中国に対する見方の変化と中国社会への深い関心に，とても感動しました。

そして，丁先生のご質問に絞って，女性の社会進出が社会にもたらす影響と，中国と日本における女性の就業状況についてディスカッションしました。男子学生も女子学生も各自の立場から，女性問題，さらに女性と男性が社会で受けてきた偏見などについて，自分なりの意見を出しました。

最後に，脱グローバル化の傾向が芽生えてきた背景にある，中日両国の地域経済を比較しました。その過程で，それ以前には知ることがあまりなかった日本政府の地域政策がよくわかって，本当に良かったと思います。

それだけでなく，報告会のレポートと発表を完成するために，何回もミーティングを開きました。Dチームは主にSNSをキーワードとして研究するので，私たちは「1人の北京外大の学生＋1・2人の愛知大学の学生」というペアに分けて，中国企業がSNSを使用した広告活動という研究テーマについて話し合い，具体的内容について情報交換や問題の討論も行いました。平日は多くの授業があるので，皆時間はあまりなかったのですが，ウィーチャットを十分活用して，レポートと発表の完成を目指して協力していきました。私もそれを契機に，中国におけるSNSの使用状況・中国政府のインターネットに関する政策など，多くの資料を探し，今までわからなかったことを学びました。

まとめていうと，愛知大学の皆さんとディスカッションしたことで，日本語能力と情報収集力を向上させるだけではなく，中国社会のさまざまな分野についての知識を身につけ，日本の方が中国社会を見る視点もわかるようになりました。本当に，中日両国の社会文化について交流する良いチャンスだったと思います。そして，深い友情も生まれ，仲の良い友達になり，とてもうれしかったです。

今回の融合活動から得た知識や経験は，きっと今後の学習生活に役立つと思います。日本の友達ができて，勉強にもなりました。これからも愛知大学の皆さんとよく連絡をとりあって，勉強についても生活についても話し合えればと思います。

总评

参加"中日大学生融合学习与社会考察活动"的感想与评论

北京外国语大学北京日本学研究中心　丁红卫

　　2020年10月29日至11月14日，爱知大学现代中国学部与北京外国语大学日语学院共同举办的融合学习项目得以实施。我有幸作为学术讲座部分的召集人，与中国社会科学院日本研究所张季风研究员、北京外国语大学日语学院陈慕薇老师共同承担了本次融合学习的四次讲座，并参加了中日学生们的线上报告会。爱知大学的同学们分为人力资源管理小组、女性就业小组、农村观光小组、SNS 小组进行了学习总结发言，中方同学们对发言报告进行点评和回应。

　　我欣喜地看到，中日双方的大学生通过融合学习不仅结下了深厚的友谊成为朋友，也加深了相互理解，深感本次融合学习给中日两国学生带来了丰硕的成果。同学们的报告也给我本人带来诸多启发。

　　首先，我认为本次中日大学生融合学习的最大特点体现在"融合"二字上。这是中日双方大学生通过共同学习、相互交流这一方式实现的学习主体的融合。其次，这是中日两国大学生语言学习与社会学习的学科性融合学习。再次，在通读先行研究、学习并理解理论的基础上，结合采访、调研等进行社会实践的学习方式也实现了理论与实践的融合。本次学习与调研的行业包括出版、养老、制造销售、农业产业化等领域，首次尝试采取了由中方研究生对参加学习的本科生进行辅导答疑的助教辅导制。在中日双方同学的共同努力下，各个小组的报告内容都十分充实。大家一致表示，通过本次学习对对方国家和自己国家的理解都得以深化，收获很大。

　　爱知大学的中国社会考察活动至今已实施了22年，但在北京外国语大学实施还是首次。我个人认为，本次融合学习中，中日双方的同学们针对问题探究对策的主动学习方式发挥了重要作用。学生们在爱知大学老师们的悉心指导下，提前设定了各自研究课题，通过中方老师的讲座以及与中方助教、同学的交流沟通、小组讨论与企业访谈等方

式开展研究。在报告会上，我得知为让日方同学们更好地了解中国的最新情况，北外的部分同学还设计了相关调查问卷开展手机调查，双方同学们的默契与合作给我留下了极为深刻的印象。

　　本次融合学习与社会考察活动不仅提升了双方同学们用对方语言进行沟通和研究的能力，也提升了同学们利用学科理论分析问题和解决问题的能力，这样的学习机会对中日两国的师生而言都是极为宝贵的。我本人参与本次学习考察活动和总结报告会，看到双方同学们合作的成果也受益颇多。在此，对徐滔院长、唐燕霞教授以及中日双方的教师、工作人员不辞辛苦精心筹划和准备这一有意义的活动深表敬意。衷心期待这样的学习交流方式今后能够持续开展，让更多的学生受益并不断加深中日两国青年学生的相互理解与信赖。

総評

現代中国学部長　砂山幸雄

　　北京外国語大学の教員，学生の皆さん，愛知大学の教員，学生の皆さん，お疲れ様でした。本日はわが愛知大学現代中国学部学生諸君の努力がよく表われた報告と，北京外国語大学の学生の皆さんの非常に率直なコメントを聞いて，大変感動しています。また，北京外国語大学の学生さんのすばらしい日本語には本当に驚かされました。

　　新型コロナウイルスの感染拡大のために，当初の計画通りに北京で活動ができなくなったことは大変残念でしたが，日本国内での学習とオンラインによる講座を受講することによって，ここまでのレベルの研究報告ができたのは，よい意味での想定の範囲外で，高く評価したいと思います。まずは，学生諸君のこれまでの努力を心から賞賛したいと思います。

　　先ほど丁紅衛先生が非常に鋭い，また大いに啓発される総評をお話しくださいました。どうもありがとうございます。時間が限られているので，私は個別の報告について一つ一つお話しするのはやめます。今日の4つの報告全体を聞いて，私が感じたことを3点お話ししようと思います。

　　第1に，外国のことを深く知るためには，まず

自国のことをよく知る必要があるということです。しかし，外国のことを知ることによって，自国のこともさらによくわかると言うことができます。愛知大学の学生は中国について学び，北京外国語大学の学生は日本について学んでいます。しかし，相手の国のどこに特徴があるか，どこが自分の国と違っているかを理解するためには，その前提として自分の国がどうであるかをある程度知っている必要があります。例えば，今日の最初の報告では日本の企業は終身雇用制だが，中国の企業は流動雇用制だという話がありました。しかし，現在の日本では，かつてのような終身雇用制は次第に崩れつつあります。非正規労働者の比率がどんどん増えています。また，女性は結婚すれば家庭の主婦になるのが当たり前という時代は過ぎ去りました。現代日本では純粋な家庭の主婦はずいぶん少なくなったのではないでしょうか。では，今後はどうなるのでしょうか。女性が活躍している今日の中国が，将来の日本の姿になるかもしれません。日本でも働き方の多様性が急速に進行しています。また，労働力不足もさらに深刻化するに違いありません。将来の日本で，女性がどのような働き方を選択するようになるのか。皆さんには引き続き考えてもらいたいと思います。

　第2に，日本と中国とを比較するだけではなく，世界の他の地域とも比較して考えてみてください。そうすると，中国の特徴だと見なされていたことが，むしろ世界のメイン・ストリームであっ

て，日本が例外だということになるかも知れません。私は詳しくありませんが，農村観光，グリーンツーリズムはヨーロッパから起こった動きだと思います。それが，日本と中国でどんなふうに受け入れられ，発展していったのか。そういう視点も必要だと思います。

　最後に第3点として，時間軸で考えることが必要だと思います。問題を歴史的に考えると言い換えてもよいでしょう。日本の特徴だと思われていたことでも，少し歴史を遡ると実は昔の中国もそうだったということはよくあります。例えば，中国も30年ほど前までは，日本よりもっとガッチリとした終身雇用制でした。日本の終身雇用制だって，それが制度として確立されたのは戦後の高度成長時代の時期に過ぎません。また，日本の農村の過疎化は，人口老齢化だけでなく，1960年から70年代にかけての農村から都市への人口大移動の結果でもあります。それは改革開放時代の中国で生じた大量の農民工の出現と類似の現象と見られるかもしれません。皆さんが日本の特徴，中国の特徴と考えているものは決して万古不変ではありません。それがどのようにして作られてきたか，時間軸を遡って考察すると，きっともっとおもしろい問題を発見できるのではないでしょうか。

　以上，簡単ですが，皆さんのこれからの勉強の参考になることを願って，3点お話ししました。どうもありがとうございます。

人1

人2

人3

人4
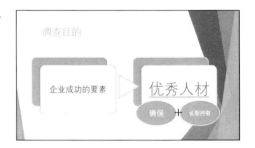

人5

人6

人7

人8

人9

人10

人11

人12

人13

人14

人15

人16

人17

人18

人19

人20

人21

人22

人23

人24

人25

人26

人27
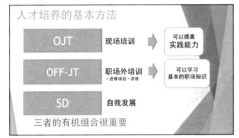

人28

人29

人30
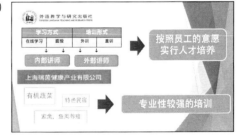

人31
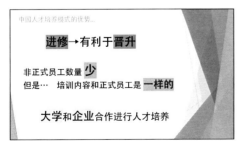

人32

人33

人34

人35

人36

人37

人38

人39

女1

女性就业的现状

发表者
18c8020野村佳那　18c8066稲垣祐美
18c8105水谷日向子　18c8112大村綾
18c8185柴田瑞希

女2

目录

○调查目的

○关于晋升

○关于生育和育儿

○关于加班

○日中的制度·意识的比较

○女性就业方式的倾向和今后的课题

女3

調査目的

男女工资增距　女性进入社会　恋爱·妊娠·生育

中国女性的就业现状是怎样的呢?

女4

中国的现状~女性的劳动参与率~

	1990年	1995年	2000年	2006年	2010年
男女的劳动参与率	81.52%	81.02%	77.9%	72.58%	70.96%
男性的劳动参与率	87.35%	85.06%	84.32%	79.83%	78.16%
女性的劳动参与率	75.00%	72.28%	71.52%	65.31%	63.73%

来源：中国人口资查科人口日计年鉴

**中国女性劳动参与率低于中国男性,
男女之间的差距正在扩大。**

女5

中国的现状~女性的劳动参与率~

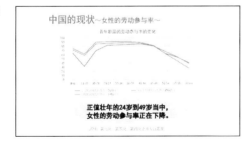

**正值壮年的24岁到49岁当中,
女性的劳动参与率正在下降。**

女6

中国的现状~男女工资差距~
中国城市女性的平均工资

2018年　2019年
6,497元 ➡ **6,995元**

从男性平均工资的
78.3%上升到81.6%。

女7

中国的现状~女性管理者的比例~

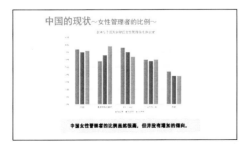

中国女性管理者的比例虽然很高,但并没有增加的倾向。

女8

日本的现状~女性的劳动参与率~

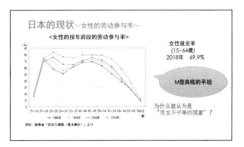

<女性的按年龄段的劳动参与率>

女性就业率
(15~64岁)
2018年 69.9%

M型曲线的平坦

为什么被认为是
"男女不平等的国家"？

资料: 总务省「劳动力调查 (基本集计)」より

女9
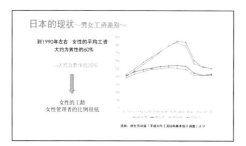

女10
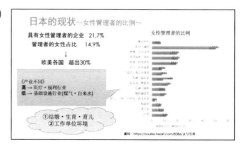

女11
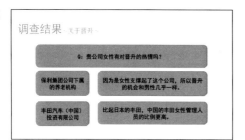

女12
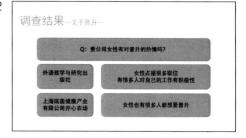

女13
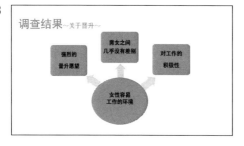

女14

女15
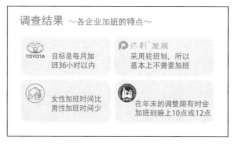

女16

女17

女18

女19

女20
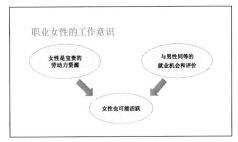

女21
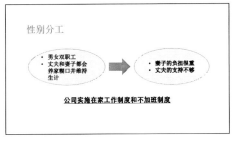

女22

女23

女24

女25

女26

女27

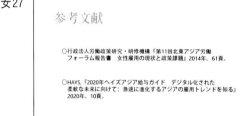

女28

女29

農1

農2

农村观光能否实现可持续发展呢？
～农村的空心化问题～

农3

目录

农4

1. 调查目的和问题意识

✓ 可持续发展是…．
　促进农村经济独立，寻求农村的长期发展
　—从经济面和社会面来看

✓ 目的是…．．
　探讨空心化的农村成为可持续发展的农村的方法
　—中国模式和日本模式

✓ 中国农村和日本农村空心化的问题

农5

2.（1）日本农村空心化的现状和问题

日本农村

✓ 农家的平均年收是450万日元
✓ 2017年，日本全国市镇村数的空心化率是47.6%
✓ 民宿经营者的年龄
　约占70%的民宿经营者是老年人

问题
人口老龄化造成人口减少、劳动力不足、
家业无人继承、年轻人不愿移居高龄化的农村、
行政维持困难等问题

农6

2.（2）日本农村观光的经营体制

◆ 一代人…41.2%
◆ 两代人…34.2%
◆ 三代人…18.4%

一代人的农户很多
　意味着无人继承家业、人手不够

农7

2.（3）实现农村观光可持续发展的要素

✓ 年轻人到农村的移居、定居
✓ 各年龄层分担劳动（减轻老年人经营农家的负担）
✓ 吸引更多年龄层的游客
✓ 降低参与农业的难度

农8

2.（4）日本各地针对此问题的解决措施

大分县安心院
通过分离「住宿」、「伙食」、「体验」，
以提高服务质量、增加雇佣机会、促进游客消费
为目标

长野县饭山市
• 面向对农业有兴趣的游客开设农业补习班
• 提供使参加者对农业产生兴趣的农村园地生活
　体验
• 吸收来自外部的年轻教师

农9

3. 结论1

问题： 日本全国普遍有人口老龄化的趋势，农村的高龄化、
空心化程度也在逐年加深

↓

通过促进自治体事业、农村观光的发展，充分发挥地方特
色，吸引更多人移居、定居到农村（长野县……）

农10

3. 结论2

为了实现农村观光的可持续发展····

大部分日本农村不太可能出现经济方面的困难，但高龄化
问题很严重

【解决方法】
• 吸收来自外部的年轻教师
• 构建能够吸引外部人员来此定居的观光模式
• 确保可以移民的住房和土地等

農11

4.（1）中国农村空心化的现状和问题

中国农村

农村没有其他的产业
农业的流入减低
不挑战
劳动力外流
三农问题
开发新产业

选择观光业作为要开发的新产业
考虑城市居民的需求，重新发现农村的魅力并进行开发

農12

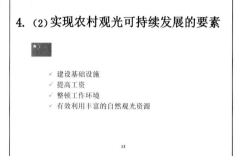

4.（2）实现农村观光可持续发展的要素

中国

- ✓ 建设基础设施
- ✓ 提高工资
- ✓ 整顿工作环境
- ✓ 有效利用丰富的自然观光资源

13

農13

4.（3）中国城市的事例

瑞茵开心农场（上海）

- ✓ 中老年休闲农业康养旅游
  目的：帮助参加者理解人生的意义
  学习中药、太极拳

- ✓ 中小学生农业教育实践
  目的：学习农业的相关知识
  如今，不了解农业生产，也不清楚小麦和大米的区别

農14

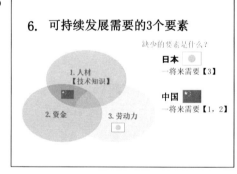

5.　结论1

问题：年轻劳动力流失严重、只靠农业收入难以维持生活

↓

如果可以使农村的工资水平超过城市的工资水平，那么可以阻止农村劳动力流失，缓解农村空心化压力

農15

5.　结论2

为了实现农村观光的可持续发展····

【解决方法】

- 农业体验（上海的事例）
- 提高农业盈利能力
- 与市政府、投资者、农村居民合作，按需开发旅游资源

通过以上解决方案稳定农村收入

農16

6.　可持续发展需要的3个要素

缺少的要素是什么？

日本 ——将来需要【3】

中国 ——将来需要【1, 2】

1.人才【技术知识】

2.资金

3.劳动力

農17

7.　参考文献

文部省　過疎地域の現状と課題について。7月19日］。
閲覧日（2020. 6 月18日）
https://www.soumu.go.jp/main_content/000614266.pdfhttps://lvv.archif
金訊　中国山間地域における労働力の流出と農業経営への影響（2019）
閲覧日（2020. 6 月20日）u.ac.jp/database/report/media/download/905/
株式会社　農協観光　観光と連携したグリーン・ツーリズムの推進（2016, 3月）
閲覧日（2020. 6 月18日）
https://www.maff.go.jp/j/nousin/kouryu/pdf/zentai_noukyou.pdf
飯山市　飯山市グリーンツーリズム事業の取り組みについて（2020年03月28日）
閲覧日（2020. 6 月18日）
https://www.city.iiyama.nagano.jp.ac.html/shinkou/kankou/greenturizm/green
劉詩芳　中国における都市近郊及び中山間地域住民の　農村観光振興に対する意識の比較分析
（2013）
閲覧日（2020. 6 月18日）http://www.tafit.jp/theijcpdf43_10.pdf
中国における青少年教育施設等の調査報告
閲覧日（2020. 6 月18日）
http://www.niye.go.jp/kanri/upload/editer/73/File/7China.pdf

農18

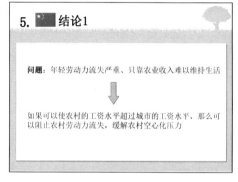
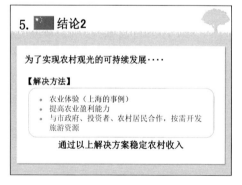

报告完毕，谢谢大家

社1

社2

社3

社4

社5

社6

社7
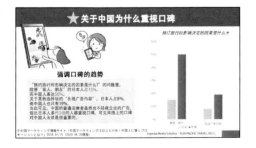

社8
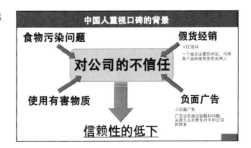

社9

社10

社11

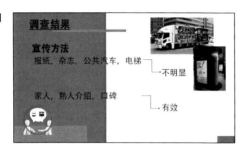

社12

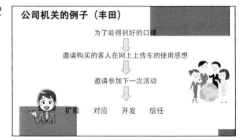

社13

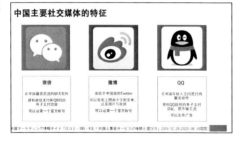

社14

社15

社16

社17

为何重视微信公众号

- 四个企业都很重视微信的公众号
- 现在在中国几乎每个人都有自己的微信群号
- 微信是在中国使用率最高的社交软件

社18

观点

- 互联网普及率和社交媒体普及率的关联性
- 从一级到五级城市的社交媒体普及率差异对企业社交媒体营销产生的影响及其相对应的有效宣传方法

社19

互联网普及率

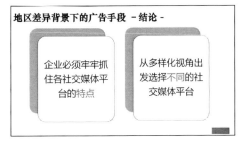

- 截至2020年3月，中国互联网用户规模达到9.04亿。农村互联网用户规模达2.26亿，占网民总数的28.2%。
- 其中，有94.3%的互联网用户使用SNS
- 城乡互联网普及率差距缩小为5.9个百分点。

社20

地区差异背景下的广告手段

- "在社交媒体上发布广告时，是否会意识到一级城市到五级城市间社交媒体普及率的不同？"

—保利集团公司下属的中国中轻国际控股有限公司和保利健投
"会意识到这个问题。保利的社交媒体广告对象主要是1、2级城市（的用户）。3、4、5级城市还没有形成相应产业，资金不足，损客率不佳，所以并不将其作为宣传对象。"

—丰田汽车(中国)投资有限公司
"会意识到这个问题。大城市的汽车普及率已经很高，汽车销售受限的可能性也会增大。因此，（丰田）在今后将非常重视具有极大市场潜力的3级以下城市。"

社21

地区差异背景下的广告手段 －结论－

企业必须牢牢抓住各社交媒体平台的特点

从多样化视角出发选择不同的社交媒体平台

社22

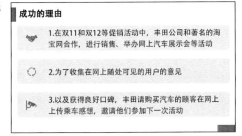

活用网络社交媒体的成功案例
～丰田汽车中国投资有限公司～

TOYOTA

社23

成功的理由

1.在双11和双12等促销活动中，丰田公司和著名的淘宝网合作，进行销售、举办网上汽车展示会等活动

2.为了收集在网上随处可见的用户的意见

3.以及获得良好口碑，丰田请购买汽车的顾客在网上上传乘车感想，邀请他们参加下一次活动

社24

尽管受到了新冠疫情后

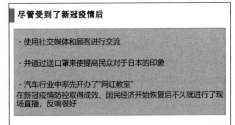

- 使用社交媒体和顾客进行交流
- 并通过送口罩来使提高民众对于日本的印象
- 汽车行业中率先开办了"网红教室"
在新冠疫情防控取得成效、国民经济开始恢复后不久就进行了现场直播，反响很好

社25
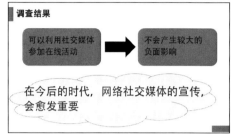

调查结果

可以利用社交媒体参加在线活动 ➡ 不会产生较大的负面影响

在今后的时代，网络社交媒体的宣传，会愈发重要

社26

完美日记

- 选择美容系KOL
- ⇒以90后的年轻女性为对象
- ⇒比起明星艺人丑闻报道的可能性比较低
- ⇒节约经费

社27

完美日记

「pig眼影盘」
<形象代言人>
微博上拥有约500万粉丝的「小猪姐姐」
<她被选上的理由>
以粉色为主，和擅长日本、韩国风化妆的她的形象十分吻合

「tiger眼影盘」
<形象代言人>
微博上拥有约600万粉丝的「优凡」
<她被选上的理由>
外观源自的KOL。她的粉丝也有很多人对亚洲妆容感兴趣

※中国トレンド研究所が橋本「『年業績NU.1に選ばれた、中国の化粧品ブランド『完美日記（Perfect Diary）』のプロモーションをご紹介します」，note, 2020.06.08 (2020.07.09閲覧)

社28

丰田汽车投资有限公司

- 会按不同的时间和场合，决定选择艺人还是网红来进行宣传
- 在各种活动或汽车宣传上会采用网红
- 会事先向广告代理商传达消费对象及这些对象的特征信息，探讨宣传方案和预算等问题之后，在判断差再采用网红
- 给网红设定宣传指标

社29

丰田汽车投资有限公司
会按不同的时间和场合，决定选择艺人还是网红来进行宣传

保利集团公司下属的中经公司和保利媒投
一周未后专门介绍明星，而是公司有部制作科技报材营，推广利用一些电视广告

外语教学与研究出版社
比起低层次的网红，要偏好著名的学者教授（可以比喻成教育行业的网红）

上海哪唯唯像产业有限公司
主要利用传达地传播的口碑和传言来进行宣传作用

社30

总结

- 企业进行广告宣传时，需要考虑到各种媒体的特点
- 中国人在购物的时非常口碑
- 在中国，企业社交媒体进行广告宣传时最重视的是微信
- 进行网络营销时，企业会考虑到社交媒体在不同的地区的普及的差异
- 在疫情中丰田公司通过社交媒体提供服务的方式广泛受到欢迎 提高了品牌形象
- 在中国，网红营销日趋流行，其推销的产品大多是日常用品

社31

参考文件的链接

1. https://www.tvad.jp/merit.html
2. https://nedia.bizpa.net/keyword/radio.html
3. https://econ.meijigakuin.ac.jp/research/nempo/pdf/23-2.pdf
4. https://www.kkc.or.jp/data/semisym/0000035-1.pdf
5. http://china-marketing.jp/article/detail103/
6. https://ja.m.wikipedia.org/wiki/%E4%B8%AD%E5%9B%BD%E7%9A%84%E8%A3%8F%E5%B9%9F%E5%95%935%81%E2%3%AE%E5%9AE%69%E5%65%A3%E6%8d%A7
7. https://bizgate.nikkei.co.jp/article/DGXMZO31148750300520180000000?page=2
8. http://china-marketing.jp/article/detail138/
9. http://www.clips-web.co.jp/chinablog/2020/03/24/post-3012/
10. https://www.atglobal.co.jp/strate/1777

社32

参考文件的链接

1. https://cn.kantar.com/媒体动态/社交/2018/2018年築度中国社交媒体接告/
2. https://chinapass.jp/2019/reports/china_city_level/
3. https://wenku.baidu.com/view/383ob66a366baf1ffc4ffe4733687e21ae45ff1c.html
4. https://snaplace.biz/influechina/
5. https://note.com/hashimotochan/n/n09?c7c69aeed

第22回現地研究調査の講評

人的資源管理チーム，女性の働き方チーム
担当教員　唐燕霞

　現地研究調査は本年度で22回を迎えた。今年は北京外国語大学日本語学院のご協力を得て，現地研究調査をアップデートした。例年と違い，融合学習と企業調査の二部構成になり，融合学習は北京外国語大学の先生や中国社会科学院の著名な先生による講義と日中学生同士のグループディスカッションから構成され，企業調査は中国の国有企業，民営企業と日系企業の計4社に対して実施した。北京外国語大学の教職員や学生のご尽力の下，2週間にわたる現地研究調査は成功裡に終了した。心より感謝を申し上げます。
〔事前準備〕
　今年は新型コロナウイルスの感染拡大を受けて，現地へ行けなくなり，オンライン開催になった。春学期中に日程と訪問企業が決まらず，学生の事前準備に支障を与えた。授業もオンラインであるため，学生同士の意思疎通を図ることは難しかった。人的資源管理チームの内容が難しく，専門用語が多いため，先行研究の勉強に大変な労力を費やした。女性の働き方チームは身近なテーマであり，学生たちは大量の資料を検索し，先行研究をしっかり勉強することができた。両チームとも勉強意欲が高いため，調査テーマの内容調べや調査項目の準備などは十分にできた。ただ中国語の勉強には，やや時間が足りなかった。
〔調査とシンポジウム〕
　第一部の座学では，中国経済や女性就業に関する講座を受けて，学生たちは違う視点から中国社会を理解することができた。講座終了後のグループディスカッションでは，両チームの学生は積極的であったため，中国側の学生に圧倒されずに活発に議論し，刺激し合い，中国社会や若者の意識に対する理解がさらに深まったであろう。企業座談会は例年と違い，現場の様子を見学することができなかったが，移動時間がない分，座談会の時

間はたっぷり3時間を取ることができた。トヨタ自動車や保利集団傘下企業など，日本や中国の著名な企業の経営トップから直接話をうかがうことができて，学生にとって貴重な機会であった。例年に比べて，発表の準備時間が長かったため，北京側の学生たちの献身的なサポートもあり，発表原稿の準備がスムーズで，シンポジウムでの報告内容が充実し，中国語による発表も上手であった。
〔全体を通して〕
　現地へ行けないことやオンライン授業による意思疎通の不十分さは今年の現地研究調査の大きな痛手であったが，幸い学生たちは勉強意欲が高かったため，多くの困難を乗り切ることができた。また，オンライン開催の現地研究調査は思ったより学習効果が高かった。
　中国系や日系の有名企業の調査を通して，学生たちは日中企業の人的資源管理の相違点やグローバル競争に勝ち抜くための経営戦略や人材戦略，女性の働く環境の違いや女性のキャリア形成の制度作りなどを認識し，複眼的視点から中国社会を考察することの重要性を学んだ。今回の経験を今後の人生に活かして大きく成長することを期待する。

農村観光チーム，SNSチーム担当教員　金湛

〔事前準備〕
　日本の学生にとって現地で調査できないことは調査の完成に大きな不安要素であり，実施日程が決まらないことが秋学期の科目履修や部活，そして日常生活に支障を与える。さらに，リモート授業では学生同士の交流が図りにくく，内容に対する検討が進みにくい。教育環境，通信環境の制限により，学生たちの練習する場が限られており，特に中国語の指導時間の確保が困難であった。農村観光チームの学習内容は専門的な知識が多く，それらの専門用語を理解して，中国語に訳すことは決して容易なことではない。チームの学生たちは資料の読解に苦戦したことが考えられる。それ

に対して，SNS チームが関心を持つ内容は新しい社会現象であり，それに関連する信ぴょう性の高い情報，学術研究は多くない。チームの学生たちは資料の検索，選別に労力を費やしたと思われる。

〔調査とシンポジウム〕

　現地との授業，討論がオンラインで行われるため，対面より一層言語能力が要求される。また，中国の学生は活発に発言するため，日本の学生が圧倒される可能性が高い。初日では日本の学生による発言が少なく，その主な理由は，自由討論の場では発言するタイミングがつかめず，躊躇したようであった。現地の学生と話す機会が増えるにつれ，信頼関係が生まれ，友情が芽生え，次第に個人的な交流が増えた。互いの言語の添削，内容の確認を経て，シンポジウムの報告内容を確定した。シンポジウムはオンラインで行われたため，学生たちの緊張もある程度緩和された。

〔全体を通して〕

　日本の学生たちは中国での生活経験を持っているが，中国社会を十分理解しているとは言えない。今回，北京外国語大学で日本語を学ぶ学生たちとの共同学習であるため，日本語での交流や異なる考えを持つ人との討論により，日本の学生たちはさまざまな社会現象についてより深く理解できた。

　当初，現地で調査ができないこと，日程が決まらないことなど，学生たちのモチベーションに一定の影響を与えたが，中国の企業や学生たちとの交流が始まるにつれ，日本の学生たちは積極的になり，発言が活発になった。現地で体験することができないのは大きな損失ではあるが，限られた情報で報告を完成させるため，学生にはこれまでより高度な学習が求められた。シンポジウムでは中国の学生の言語能力の高さに日本側の学生，教職員が驚き，日本の学生の理論知識を応用して社会現象を分析する能力が北京外国語大学の学生，教職員に高く評価された。学生たちにとって，今後この経験は専門知識の学習や卒業論文の執筆などに大きな意味を持つことであろう。

第22回日中学生国際シンポジウム（11月14日）

編集後記

◇今回編集委員として携わった仕事を通して，本を一冊完成させるには，本当に多くの作業が必要だということがわかりました。私たちが主に担当したのは，見聞録の数ページでしたが，それだけでも本当に頭を悩ませました。ページ全体のデザインが決まった後も，少ないスペースにどんな情報を入れたらいいのか，どんな文章がいいのかなど，とても難しかったです。他の編集委員や先生，出版社の方々と何度も相談を重ね，時々迷惑をかけてしまうことがありながらも，無事完成させることができてよかったです。今回は全編オンラインでの作業ということもあり，同じグループの編集委員でも，実際に会ったことがないという人もいました。それでも皆が積極的に協力し，予想よりもずっとスムーズに進行することができました。出版に関わる良い機会をありがとうございました。　　　　（人的資源管理チーム　梅村萌花）

◇編集委員としての活動は，自分が想像していたよりもはるかに難しいものでした。コロナによる影響から皆で集まることができなかったため，苦労する所はたくさんありました。その分，連絡をこまめに取り合い試行錯誤を重ねることによって，完成度の高い本を作ることができたと思います。自分自身意見を出すのが苦手な分，チームに迷惑をかけてしまったと思いますが，編集委員全員の協力のおかげで，良い成果を残すことができたのでとても感謝しています。編集という貴重な体験を将来何かに活かせることができたらいいなと思います。　　（人的資源管理チーム　村瀬志織）

◇今回編集委員として初めて編集の仕事に携わり，今までしたことのないことばかりだったのでとても大変でした。私は地図と融合学習のページを担当しました。地図のページでは企業の正しい住所を調べるのに思っていたよりも苦戦しました。融合学習のページは写真がメインと言うことだったので，どのような写真を載せれば良いのか，また短い文章でどのように感想や新たな発見を伝えれば良いのか迷いましたが，唐先生やあるむの皆様に何度もアドバイスを頂き自分でも満足のいく仕上がりになったと思います。編集の仕事をする機会はあまりないと思うので貴重な経験になり

ました。今後この経験をどこかで活かせたら良いなと思います。　　　　（女性就業チーム　野村佳那）

◇この度，編集委員に参加させていただき，本を出版するということの大変さを痛感しました。私は企業紹介のページと調査日程表を担当しました。企業紹介ページは現地に行くことができず，限られた情報しかないなかで，いかに読む人にとって興味深い内容にできるかという課題があり，とても大変に感じることもありましたが，本の一部として報告書に負けないぐらい魅力的なページにしようと4人のメンバーで力を合わせ，作り上げました。現地研究調査への参加，編集委員としての活動が自己成長へと繋がり，とても良い一年を過ごせました。　　（女性就業チーム　稲垣祐美）

◇今回オンラインでの現地研究調査の編集委員は，例年に比べイレギュラーなことが多く不安や心配がありました。実際に訪れることができなかった企業様の紹介や写真が全く無いなかでの編集は本当に骨が折れるものでした。学生同士のコミュニケーションを取ることさえ難しく，またどのように作業を進めていくのか，どういったものを作り上げていくのかということもオンラインでのやりとりなのでイメージの共有がとても大変でした。しかし，学生同士がアイディアを出し，まとめ上げることでなんとか乗り切れたと感じています。オンラインならではの課題やその解決方法，お互いのコミュニケーションの大切さ。これらのことを編集委員の仕事を通して学び成長できました。今回の特殊な現地研究調査に参加できたことを嬉しく思います。（農村観光チーム　佐藤尚輝）

◇編集委員を担当して，本を一から作ることの大変さを身に染みて感じました。また，本が出来上がるまでの過程も間近に見ることができ，とても良い経験になりました。今回は，新型コロナウイルスの影響で，編集委員のメンバーとはzoomやSNSを通してしか話し合いができず，なかなか順風満帆に，とはいきませんでした。自分が担当した部分も，先生や出版社の方とやり取りをしながら，何度も修正をしました。レポートと並行しての作業で大変でしたが，こうして一つの本を完成させることができて，とても嬉しく思います。

このような貴重な経験をさせて下さった，先生方と出版社の方々に感謝したいです。

（農村観光チーム　渡邊涼乃）

◇編集委員の仕事は，自分が想像していたより，とても大変でした。私は，調査地点の地図を担当しました。本の編集をすることは初めてだったため，作り方が分からない状態からでした。唐先生とあるむ出版社の方に何回もご指導していただき，苦戦しながらも友人と協力し，完成させることができた時は嬉しかったです。今年は新型コロナウイルスが流行し，現地で調査することができずオンラインでの調査という形になりました。そのため，編集委員のやり取りも LINE やメール上となりました。関わったことがない人も多かったので，意思疎通をするのが難しかったです。それでも，編集委員同士で協力し合い，納得いくものが完成できたと思います。編集委員の仕事は，達成感を感じることができて，貴重な経験となりました。

（SNS チーム　中根優）

◇編集委員を経験してみて，思ったより大変でした。今年はオンラインでの現地調査であったため，皆で集まることができず，行き詰まってしまうこともありました。融合学習のページを作成する際も，どのような写真を使い，キーワードになる言葉を考えるということは簡単に見えて，難しかったです。唐先生や出版社の方に，相手に伝わりやすいようなキーワードを入れるよう何度かアドバイスをいただきました。このことから本を作成することは，とても大変だと感じると同時に，皆で協力して一つのものを作成するということの楽しさ，達成感を味わうことができました。仲間と協力することや，一つのものを作り上げるという大変さを学ぶことができました。

（SNS チーム　岩見茉那）

謝　辞

◇今回の現地研究調査にあたり，オンラインによる調査およびシンポジウム開催に多大なご協力を賜った以下の団体および個人の皆様に心より感謝いたします。(以下，敬称略)

◇〈北京外国語大学〉孫有中副校長，徐滔日語学院院長，張季風中国社会科学院日本研究所研究員，丁紅衛北京日本学研究センター区域与国別研究中心主任，熊文莉日語学院副院長，魏然日語学院本科教研部主任，陳慕薇日語学院専任講師，孫暁英日語学院秘書，劉楊夕林日語学院秘書ほか諸先生方，姜笑宇，葉鑫宇，蔡璟昱，劉宸瑋，林崇威，趙金玉，王孟瑜，黄嫣然，武鈺茜，賈晨雨，王一舒，任乾源，岳忠昊，陳一笛，宋寧静，呉忠璇，張鑫雨，王志涵，劉沢儒ら学生の皆さん。

◇現地研究調査に快く応じていただいた以下の方々にも心から感謝いたします。

〈企業〉中国中軽国際控股有限公司，保利健康産業投資有限公司（保利集団傘下），トヨタ自動車(中国)投資有限公司，外語教学与研究出版社，上海瑞茵健康産業有限公司開心農場の皆様方。

◇日本の以下の方々からも多大なご支援を承りましたので，感謝の意を表します。

◇〈愛知大学〉川井伸一学長，砂山幸雄現代中国学部学部長，現地研究調査委員会の唐燕霞実施委員長，金湛委員，国際交流課の吉岡氏。

◇本誌の刊行にご協力いただいた株式会社あるむの皆様に心より感謝の意を表します。

［第22回愛知大学現代中国学部現地研究調査 2020］
学生が見た北京社会──人的資源管理・女性の働き方・農村観光・SNS

2021年3月10日　第1刷発行

編　集　愛知大学現代中国学部
　　　　現地研究調査委員会

発　行　愛知大学
　　　　〒453-8777　愛知県名古屋市中村区平池町4-60-6
　　　　連絡先 TEL (052) 564-6128　FAX (052) 564-6228
　　　　http://www.aichi-u.ac.jp

印　刷　株式会社あるむ
　　　　〒460-0012　名古屋市中区千代田3-1-12 第三記念橋ビル
　　　　TEL (052) 332-0861　FAX (052) 332-0862

ISBN 978-4-86333-174-7　C3030